LES SAVANTS DE BONAPARTE

DU MÊME AUTEUR

Les Nouveaux chrétiens
Seuil, 1975

Le Défi terroriste
Seuil, « L'Histoire immédiate », 1979

Le Tarbouche
Seuil, 1992,
prix Méditerranée
et « Points », n° P 117

Le Sémaphore d'Alexandrie
Seuil, 1994,
et « Points », n° P 236

La Mamelouka
Seuil, 1996
et « Points », n° P 404

Égypte, passion française
Seuil, 1997
et « Points », n° P 638

Alendrie l'Egyptienne
en collaboration avec Carlos Freire
Stock, 1998

La Pierre de Rosette
en collaboration avec Dominique Valbelle
Seuil, 1999

Mazag
Seuil, 2000

Robert Solé

LES SAVANTS DE BONAPARTE

ESSAI

Éditions du Seuil

TEXTE INTÉGRAL

ISBN 2-02-050691-2
(ISBN 2-02-033845-9, 1re publication)

www.seuil.com

Pour Julien

1

Une encyclopédie en voyage

Des cris, des vivats. Et la nouvelle se répand en ville comme une traînée de poudre : Bonaparte ! On commençait à ne plus y croire… Dans ce Toulon en effervescence, transformé depuis quelques semaines en gigantesque rassemblement militaire, le général le plus glorieux de la République est arrivé seul, sur un cheval de poste, précédant la berline où ont pris place son épouse, Joséphine, son secrétaire, Bourrienne, et deux aides de camp. Il porte une redingote, comme un vulgaire péquin, sans doute pour voyager incognito. « Laissez passer, dit-il aux sentinelles, je suis le général Bonaparte. »

Aussitôt installé à l'hôtel de la Marine, le vainqueur de Rivoli revêt son grand uniforme et prend les affaires en main. Ce 9 mai 1798, les rues seront illuminées en son honneur. Dès le lendemain, il passera les troupes en revue : « Je promets à chaque soldat qu'au retour de cette expédition il aura à sa disposition de quoi acheter six arpents de terre. »

Quelle expédition ? Mystère. Nul ne connaît la destination des nombreux navires mouillés dans la rade ou amarrés aux quais et qu'approvisionnent du matin au soir ces lourdes charrettes qui font gronder les pavés du port. Seuls quelques généraux sont dans le secret. Quelques rares civils aussi, parmi lesquels le mathématicien Gaspard Monge et le chimiste Claude Louis Berthollet. Ces deux-là figurent en tête des inscrits pour le voyage en Égypte.

Oui, en Égypte : pressé par Talleyrand, et par Bonaparte lui-même, le Directoire a finalement décidé de s'emparer du pays des pharaons. Ce sera une manière de faire la guerre à l'Angleterre et, accessoirement, d'occuper – en l'éloignant – un général un peu encombrant.

L'Égypte n'a plus rien de ses splendeurs passées. Occupée tour à tour, depuis vingt siècles, par les Perses, les Grecs, les Romains, les Arabes et les Turcs, c'est une province ottomane, repliée sur elle-même et gouvernée par des mamelouks rivaux. Ces anciens esclaves, originaires pour la plupart du Caucase, échappent au contrôle de Constantinople. Ils ne paient même plus le tribut annuel au sultan, qui a tenté de reprendre le pouvoir par les armes, quelques années plus tôt, au nom de l'islam. Sans succès.

A Paris, tous les rapports l'assurent, tous les voyageurs le confirment : l'Égypte est facile à conquérir. Si la France ne la prend pas, d'autres le feront, à commencer par l'Angleterre, sa grande ennemie. Car il s'agit d'une position stratégique essentielle sur l'ancienne route des Indes. Un débarquement en Grande-Bretagne étant suicidaire, comme Bonaparte vient de le vérifier lors d'une tournée d'inspection sur les côtes du Pas de Calais, c'est en Égypte qu'on va combattre la perfide Albion.

Ce pays fascine depuis longtemps les Français. Aux vestiges et aux mystères de sa civilisation ancienne s'ajoutent les troublantes coutumes de l'Orient musulman. La momie et le harem… L'Égypte est une proie très tentante. Cent fois il a été question de la conquérir, et cent fois la proposition a été repoussée.

Bonaparte, lui, rêve de l'Orient depuis l'enfance. C'est là-bas, pense-t-il, que l'on fait de grandes choses. A 21 ans, il a écrit un petit conte oriental, *Masque prophète*, sans grande valeur littéraire, mais plein de signification, puisqu'il y est question d'une révolte populaire contre le calife. Puis il a eu de longues conversations avec Volney, le célèbre voyageur orientaliste, qui plaide pour une conquête de l'Égypte. Ayant fait ses preuves sur le champ de bataille, offert l'Italie à la République, le jeune général peut maintenant traverser la mer, marcher sur les traces d'Alexandre. Cela ne saurait cependant se réduire à une banale conquête militaire. La présence de savants et d'artistes aux côtés du corps expéditionnaire donnera à son entreprise le statut qu'elle mérite.

Encore faut-il des raisons officielles d'envahir la terre des pharaons. L'habile Talleyrand vient d'en suggérer deux à ces messieurs du Directoire, qui manquent un peu d'imagination.

La première, la plus simple, est une question d'honneur : la République ne peut rester sourde aux appels au secours lancés à plusieurs reprises par les quelques dizaines de négociants français établis dans la vallée du Nil. Ne sont-ils pas victimes de tracasseries, voire de persécutions, de la part des mamelouks ?

La seconde raison est plus complexe : il s'agit, pour la République française, qui incarne les droits de l'homme, de libérer le peuple égyptien d'un pouvoir tyrannique. Puisque le sultan n'est pas en mesure de soumettre son vassal, on va le faire à sa place, et même en son nom. Quitte à aller le lui expliquer après coup : Talleyrand en personne pourrait se charger de cette mission subtile. Mais le ministre des Affaires étrangères n'ira jamais à Constantinople…

A la libération politique de l'Égypte s'ajoutera sa promotion culturelle : on va apporter la civilisation à un peuple à demi barbare et semi-civilisé. Plus exactement, *rapporter* les sciences et les arts dans leur pays natal, car les intellectuels de cette fin de XVIIIe siècle sont persuadés que la civilisation est née sur les bords du Nil, avant d'être transmise aux Grecs, aux Romains, aux Arabes et à l'Europe moderne. Loin de considérer les pharaons comme des despotes, la Révolution française veut voir en eux des précurseurs des Lumières. A chacune de ses fêtes, elle érige à Paris des pyramides ou des obélisques. Elle a même construit, à l'occasion du 10 août 1793, sur la place de la Bastille, une fontaine en plâtre bronzé représentant Isis, coiffée du némès pharaonique et pressant « de ses fécondes mamelles la liqueur pure et salutaire de la régénération ». Ayant banni le christianisme, cette France laïque a furieusement besoin de symboles religieux de substitution !

L'entreprise « civilisatrice » que l'on envisage permettra aussi d'explorer l'Égypte et de la faire connaître au monde. Nous sommes à l'époque des expéditions lointaines, où chaque voyageur, muni d'un questionnaire, est invité à devenir un instrument de la connaissance scientifique. Il arrive aussi que plusieurs savants soient réunis pour entreprendre ensemble une exploration de rivages inconnus. Mais Bonaparte innove radicalement en voulant installer dans le pays conquis une importante Commission des sciences et des arts, dont Monge et Berthollet – « Mongéberthollet » comme on appellera bientôt ces inséparables – seront le noyau.

Moyenne d'âge : 25 ans

L'alliance du savoir et du pouvoir fait partie de l'esprit du temps. Si, en 1793, dans un moment d'égarement, la Convention avait dissous les académies et sociétés savantes, y voyant un reste détestable d'élitisme, les révolutionnaires ont dû appeler les inventeurs et les techniciens pour assurer la défense nationale et les grands travaux. C'est ainsi que Monge, nommé ministre de la Marine, a été amené à réorganiser les arsenaux et à s'intéresser à la fabrication des canons, avant de fonder l'École polytechnique, avec Berthollet et quelques autres. Il faut former, à la fois, des ingénieurs militaires et des ingénieurs civils ; en former vite le plus grand nombre possible.

L'Institut national, créé en 1795, réunit les plus grands noms de la science : aux académiciens d'Ancien Régime ont succédé des citoyens-savants, au service de l'État et du Progrès. Leurs études ne portent pas seulement sur des sujets théoriques, mais encore sur les aérostats, la télégraphie, les paratonnerres... L'une des plus grandes fiertés de Bonaparte est d'avoir été élu dans la section de mécanique, le 25 décembre 1797, au siège de Carnot, écarté pour raisons politiques. Lors d'un dîner, il a, paraît-il, fortement impressionné Laplace par ses connaissances scientifiques. « Si je n'étais pas devenu général en chef, dira-t-il plus tard, je me serais jeté dans l'étude des sciences exactes. J'aurais fait chemin dans la route des Galilée, des Newton. » Peut-être...

Les armées de la République ont pris l'habitude de faire appel à des savants ou des artistes pour prélever, dans les pays conquis, des objets d'art au profit des musées français. Cette razzia a été pratiquée en Allemagne et aux Pays-Bas, et à plus grande échelle en Italie, où Bonaparte a rencontré Monge et Berthollet. Les deux savants, éblouis par ce jeune général, ont parrainé son entrée à l'Institut. Il les a mis dans la confidence de son projet égyptien.

Berthollet, âgé de 50 ans, est déjà célèbre pour ses travaux sur les teintures, le chlore et l'alcali. Dans les ateliers, la solution d'acide oxygéné qui sert au blanchiment des toiles est qualifiée couramment d'« eau de Berthollet » ; les ouvriers sont même des « bertholleurs » ou des « bertholliers ». Monge n'est pas en reste : pionnier de la géométrie descriptive, il passe, à 52 ans, pour l'un des plus grands mathématiciens de son temps. Avec ces deux têtes de file, la Commission des sciences et des arts ne peut manquer d'allure. Elle sera dirigée par un général du Génie, Maximilien de Caffarelli du Falga, membre associé de l'Institut, un philosophe en uniforme, qui professe des idées sociales.

Le 26 ventôse an VI (16 mars 1798), le Directoire ordonne au ministère de l'Intérieur de « mettre à la disposition du général Bonaparte les ingénieurs, artistes et autres subordonnés de son ministère, ainsi que les différents objets nécessaires à cette partie scientifique de l'expédition ». Joseph Fourier, professeur à l'École polytechnique, est aussitôt requis : on ne lui laisse même pas le temps de réfléchir. Cet homme est trop précieux pour ne pas être du voyage. Ses activités politiques sous la Terreur ont été éclipsées par de brillants travaux de mathématiques. A son tour, Fourier devient recruteur. Et c'est l'enthousiasme : au bout de quelques semaines, toute l'École semble prête à partir. Seront retenus finalement sept élèves, cinq professeurs et trente-trois anciens élèves.

Un autre personnage indispensable est Nicolas Jacques Conté. Peintre, chimiste et mécanicien, c'est surtout un inventeur génial qui, à l'âge de 9 ans, fabriquait déjà un violon à l'aide d'un simple couteau… On lui doit une machine hydraulique, un nouveau type de baromètre et, surtout, le crayon à mine artificielle qui a permis de se passer de la plombagine anglaise. L'idée d'utiliser des appareils volants dans les opérations militaires lui est attribuée. Il dirige d'ailleurs le corps des aérostiers établi à Meudon, après avoir été à l'origine de la création du Conservatoire des arts et métiers. Agé de 38 ans, ce Normand a perdu un œil lors d'une expérience malheureuse sur les gaz, mais cela ne l'empêche pas, comme le dit Monge, d'avoir « toutes les sciences dans la tête et tous les arts dans la main ».

Le célèbre géologue Déodat de Dolomieu sera aussi du voyage. « Là où on va, lui a promis Berthollet, il y a des montagnes et des pierres. » Peut-être lui a-t-il glissé le nom de l'Égypte dans le creux de l'oreille, le faisant jurer de ne pas le répéter : il pourra vérifier sur place sa théorie sur la formation du delta du Nil. De son côté, le chimiste Jacques-Pierre Champy, successeur de Lavoisier à la Direction des poudres et salpêtres, quitte son poste pour se mettre sur les rangs. En revanche, Cuvier et Laplace, occupés par leurs travaux respectifs, refusent de partir, malgré l'insistance de Bonaparte. On se consolera en recrutant Étienne Geoffroy Saint-Hilaire, ami intime de Cuvier, qui occupe à 26 ans la chaire de zoologie au Muséum d'histoire naturelle. Dans la foulée, deux botanistes, Hyppolite Nectoux et Jules César de Savigny, s'inscrivent, ainsi que Henri Joseph Redouté, peintre de fleurs au Muséum. Quant à l'Observatoire de Paris, il sera représenté par les astronomes Nouet et Quenot.

Beaucoup de jeunes gens se bousculent au portillon. On assiste à « une folie épidémique semblable à celle qui s'était saisie de nos aïeux à l'époque des Croisades ». Les avantages matériels promis aux scientifiques – un double traitement, avec l'assurance de retrouver leur poste au retour – ne suffisent pas à expliquer cet engouement. Prosper Jollois, ingénieur de 22 ans, avoue, dans une lettre à son père, ne connaître ni la destination, ni la durée, ni le but de cette expédition, ajoutant : « Il faut maintenant que je vous dise quelles sont les raisons qui m'ont déterminé à faire une pareille folie, si toutefois c'en est une. D'abord, c'est un désir de voyager que je nourris depuis longtemps, et que, dans aucune circonstance, je ne pourrais, à coup sûr, réaliser aussi avantageusement ; ensuite, l'ardent désir d'acquérir de l'instruction, de l'expérience ; enfin, la conviction intime que j'ai que ce voyage ne peut que m'être utile. » Ses deux jeunes collègues, Lancret et Dubois-Aymé, commenteront par la suite : « Nous ignorions où Bonaparte allait porter nos pas. Mais que nous importait ? Ce guerrier célèbre inspirait alors un noble enthousiasme, une aveugle confiance. Monge, Berthollet, Caffarelli, Dolomieu l'accompagnaient et voulaient bien nous associer à leurs travaux. Pouvions-nous hésiter un instant ? »

Les artistes sont des gens plus compliqués. Le peintre David ne veut pas quitter Paris ; le compositeur Méhul n'aime pas l'aventure ; le poète Ducis se sent trop vieux, et Legouvé, cet autre faiseur de rimes, est trop attaché à sa famille. Quant au chanteur Lays, célèbre baryton de l'Opéra, il a peur de s'enrhumer… On recrutera sa doublure, Villoteau.

Des candidats au voyage se présentent spontanément. Arnault, auteur d'une tragédie à succès, *Marius à Minturnes*, n'a pas de mal à se faire accepter. Mais Tallien, ancien membre du Club des jacobins, doit forcer la porte. Il en est de même pour Dominique Vivant Denon, appuyé par Joséphine de Beauharnais, dont il fréquente le salon. Cet homme cultivé et charmeur est coupable d'avoir 51 ans. Bonaparte, qui en a 29 à peine, le prend pour un littérateur d'Ancien Régime, sans se douter combien l'autre lui réserve d'audace et de talents…

Au total, la liste établie par le général Caffarelli comportera 167 noms. Beaucoup d'ingénieurs et de techniciens, à côté desquels figurent des astronomes, des architectes, des chimistes, des naturalistes, des minéralogistes, des peintres, des musiciens, des poètes, des imprimeurs, des orientalistes… L'égyptologie est absente, pour la bonne raison que cette science n'existe pas encore. On aurait pu recruter des historiens, des « antiquaires », mais on leur a préféré des savants de plein air. Ajoutons les médecins, conduits par Desgenettes et Larrey, qui mériteront souvent plus que d'autres le titre de « savants ». Un titre abusif dans bien des cas, car la moyenne d'âge des recrues est de 25 ans. Le benjamin, Jacques Antoine Viard, élève ingénieur, en a 15 à peine…

Certains partent en famille, comme les deux frères Raffeneau-Delile – un botaniste et un ingénieur – ou les trois frères Le Père, ingénieurs. Les Champy, père et fils, sont chimistes ; les Dubois, père et fils, sont chirurgiens… D'autres ont un frère dans le corps expéditionnaire, comme Geoffroy Saint-Hilaire ; ou un neveu, comme Vivant Denon.

« Nous aurons un tiers de l'Institut avec nous ! » avait prédit Bonaparte dans l'enthousiasme des préparatifs. On est loin du compte, mais nombre de jeunes inconnus se feront un nom en Égypte et intégreront, plus tard à Paris, ce temple du savoir. Faut-il préciser qu'aucune femme ne figure dans la liste des partants ? Nous sommes en 1798. Sophie Germain n'est encore qu'une étudiante clandestine en mathématiques…

Bonaparte réclame à l'Imprimerie nationale du personnel et du matériel. Parallèlement, il demande à Monge, qui se trouve à Rome, de faire main basse sur l'une des presses du Vatican et sur ses magasins, riches de caractères latins, arabes, grecs et syriaques. Le mathématicien s'acquitte de sa tâche sans états d'âme. Il se rend à la congrégation de la Propagande, fait démonter, mettre en caisses et embarquer en cachette trois machines complètes, avec tous les instruments nécessaires, sans oublier de recruter discrètement des protes et des interprètes. Mais son désir de partir en Égypte s'émousse au fil des jours. Il finit par écrire d'une plume embarrassée au grand homme : « Vous voulez absolument, mon cher général, qu'à mon âge je coure les aventures. Si j'étais plus jeune, aucune proposition ne m'aurait été plus agréable que celle de servir sous vos ordres et de contribuer, de tous mes faibles moyens, au bien que vous voulez faire à notre patrie et au monde entier ; mais je suis nécessaire à Paris... Je laisserais une femme qui n'est plus jeune... Laissez-moi parmi les mortels admirer vos talents, apprécier vos services et chanter votre gloire. » Bonaparte lui répond par retour du courrier : « Je compte sur l'imprimerie de la Propagande et sur vous, dussé-je remonter le Tibre avec l'escadre pour vous prendre. » Monge soupire et, ravi, prépare ses malles, tandis que sa femme le traite de « vieux fou ».

Chargé de réunir le matériel scientifique, le général Caffarelli constitue, avec l'aide de plusieurs spécialistes, une bibliothèque d'un demi-millier de volumes. Un budget est affecté pour l'achat des instruments les plus modernes : baromètres, graphomètres, déclinatoires, lunettes astronomiques, montres marines, cercles de réflexion... Des laboratoires entiers sont démontés, transportés à Toulon et chargés à bord des navires. On n'hésite pas à se servir dans les grands établissements parisiens : Berthollet emporte ainsi, sans complexe, le cabinet de chimie de l'École polytechnique. Un équipement aérostatique complet sera également réuni, sous la direction de Conté.

A bord de l'*Orient*

Pour brouiller les pistes, des ordres de mission fantaisistes ont été remis aux savants et artistes. Ils finissent par se retrouver tous à Toulon, au terme de périples en diligence, en bateauposte, à cheval ou à pied. Plusieurs d'entre eux ont découvert pour la première fois leur propre pays, avant d'en explorer un autre. A Toulon, il n'y a plus de place dans les auberges, mais on couchera bientôt à bord. Les membres de la Commission sont répartis entre divers navires, « pour ne pas confier le sort de la science à un seul bâtiment ». Cinq classes ont été définies, correspondant à des grades militaires, qui donnent lieu à des traitements différents. Seuls les membres de première classe ont droit à une cabine convenable. Certaines incohérences ne manquent pas de provoquer jalousies et mécontentements. Pourquoi le géomètre Costaz mange-t-il avec les généraux, alors que Lancret, ingénieur des Ponts et Chaussées, et Delile, du Jardin des Plantes, sont à la table des simples officiers ?

La rade de Toulon est couverte d'une forêt de mâts : quinze vaisseaux, une corvette, une douzaine de frégates et de nombreux bâtiments plus légers (bricks, avisos, bombardes, tartanes...) chargés de protéger plus de trois cents unités de transport et auxquels doivent se joindre en route trois autres convois, venus de Gênes, d'Ajaccio et de Civitavecchia. Quelque 38 000 soldats et 10 000 marins appartiennent à cette armée exceptionnelle par le nombre de ses officiers, dont beaucoup se sont distingués en Italie ou sur le Rhin. Le navire amiral, doté de cent vingt canons, s'appelle l'*Orient*. Pure coïncidence apparemment...

Le départ, ajourné à plusieurs reprises en raison de vents contraires, a lieu finalement le 19 mai, sous un soleil éclatant. Six coups de canon sont tirés pour appeler les retardataires. L'artillerie des forts salue l'armada, tandis que les musiques du bord jouent des airs de circonstance. Le jeune polytechnicien Dubois-Aymé, qui a eu une aventure galante avec la maîtresse d'un général, manque le départ du *Franklin* ; il rattrapera de justesse le *Tonnant*, en train de lever l'ancre...

Où va-t-on ? 50 000 hommes s'interrogent. En Sardaigne, disent les uns. En Crimée, pensent les autres. Il est aussi question des Indes et de l'Égypte… Chaque capitaine a reçu une lettre fermée de cinq cachets : à n'ouvrir qu'en cas d'extrême nécessité, si un bâtiment venait à être séparé du convoi. Pour le moment, le cap est sud-est, dans cette Méditerranée lourde de menaces. Bonaparte sait que la flotte britannique de Nelson le cherche depuis des semaines. Et il n'ignore pas que sa propre escadre, qui s'étend sur des kilomètres, avec des bateaux lourdement chargés, n'a pas de grande capacité de manœuvre. En cas d'attaque, elle court des risques considérables.

Savants et artistes s'attendaient-ils à une partie de plaisir en mer ? Ceux qui n'ont pas la chance de disposer d'une cabine dorment dans des hamacs, qui se cognent les uns contre les autres. Au manque d'espace s'ajoute l'insuffisance de nourriture, bien que des troupeaux entiers aient été embarqués. Certains soldats vendent leurs effets pour acquérir des rations supplémentaires. L'eau douce est réservée à la boisson. Autant dire que la troupe ne se lave guère, et les nez sensibles en souffrent…

« On mange du mouton, de la morue et des haricots, note dans son journal l'élève de Polytechnique Édouard de Villiers du Terrage. Encore a-t-on bien de la peine à obtenir cette nourriture qui est souvent crue, souvent gâtée ! » Le mal de mer le surprend plus d'une fois. A bord du *Franklin*, ils sont cent dix dans une chambre de 100 mètres carrés. « Et quelle société ! Quel tapage infernal ! » Les soldats jouent aux cartes, chantent faux ou inventent des comédies grossières dans lesquelles il est presque toujours question d'une belle esclave enfermée dans un harem par un vieux Turc, et qu'un soldat français vient libérer pour l'épouser… Prémonition ?

Dégoûtés par ce voyage, deux camarades de Villiers du

Terrage parlent déjà de retourner en France à la première escale. Il les en dissuade, malgré sa propre déception. Le polytechnicien a fini par trouver un coin tranquille, derrière un rouleau de cordages, pour se plonger dans son manuel d'analyse infinitésimale. Il s'occupe du mieux qu'il peut, enseignant les mathématiques à un aide-timonier. Sur le même bateau, Conté dessine les portraits de ses compagnons de voyage.

Les chefs militaires sont hantés par la menace anglaise. Dès qu'une voile étrangère est signalée, c'est le branle-bas de combat. Bagages et hamacs sont jetés à fond de cale ; les canons sont libérés, prêts à faire feu.

Quand le temps le permet, on se rend visite d'un bâtiment à l'autre. C'est au cours de l'une de ces excursions que Geoffroy Saint-Hilaire tombe à la mer, mais échappe heureusement à la noyade… Le naturaliste est très bien traité par le commandant de l'*Alceste*. Il occupe agréablement ses soirées en jouant aux cartes avec des officiers supérieurs. Les matelots, impressionnés, le voient faire une expérience de galvanisme sur un requin qu'ils ont pêché. Les astronomes Nouet et Quenot ne s'ennuient pas non plus : sur l'*Aquilon*, depuis le début du voyage, ils ne cessent de manipuler leurs montres marines, leurs lunettes mobiles et leur cercle de réflexion. Bientôt, ils pourront vérifier la longitude de Malte…

A bord de l'*Orient*, Bonaparte occupe un appartement royal, qui choque plus d'un républicain. Souvent, après dîner, il réunit les savants les plus renommés et quelques officiers supérieurs, pour ce qu'il appelle son « Institut ». Le général en chef désigne trois ou quatre personnes pour soutenir une proposition et un nombre égal pour la combattre. Ces débats portent aussi bien sur les modes de gouvernement que sur la religion, l'âge du monde ou l'interprétation des rêves.

Des généraux – comme Caffarelli, défenseur d'un socialisme avant l'heure – y participent activement. D'autres se demandent ce que des savants, qu'ils qualifient déjà d'ânes, viennent faire dans une expédition militaire. Un soir, Junot, qui se permet des impertinences, lance à Bonaparte : « Général, pourquoi Lannes n'est-il pas de l'Institut ? N'y devrait-il pas être admis sur son nom ? » On lui demande de se taire. Il s'assoupit alors et ronfle bruyamment. On le secoue. « Général, bougonne-t-il, c'est votre fichu institut qui endort tout le monde, excepté vous. »

Malte, en passant

Cette escadre poussive, régulièrement immobilisée par l'absence de vent, n'atteint Malte qu'au bout de vingt-deux jours. Pour Bonaparte, qui a livré des batailles autrement plus rudes, la conquête de l'île, peuplée de 100 000 habitants et défendue par 500 chevaliers souvent âgés, est une broutille. Les dirigeants de l'Ordre comprennent vite qu'ils ont intérêt à baisser les armes. La Commission des sciences et des arts est mise à contribution : Dolomieu, ancien chevalier, se voit contraint d'aller négocier la capitulation de ses ex-compagnons, ce dont il s'acquitte sans plaisir. Berthollet, lui, est chargé, avec le contrôleur de l'armée, de saisir les trésors des chevaliers, d'en établir l'inventaire et de faire fondre l'or en lingots. Les fourneaux seront installés... dans la cathédrale. Un membre de la Commission, Regnaud de Saint-Jean-d'Angély, restera même dans l'île comme commissaire du gouvernement.

En huit jours, Bonaparte a transformé de fond en comble l'administration de Malte. Il y a aboli l'esclavage, établi la liberté de culte et reconstruit tout le système d'enseignement.

Un avant-goût de ce qu'il prépare peut-être au pays des pharaons… Il emmène avec lui des chevaliers français, dont certains intègrent la Commission des sciences et des arts, ainsi que plusieurs centaines de musulmans libérés des geôles maltaises qu'il utilisera comme propagandistes de son action en Égypte.

Car c'est bien en Égypte que l'on va. Cette « armée d'Angleterre » découvre qu'elle s'appelle l'armée d'Orient. Une proclamation, imprimée à bord du navire amiral et affichée le 28 juin dans tous les bâtiments, donne déjà des conseils de maintien : « Soldats ! Vous allez entreprendre une conquête dont les effets sur la civilisation et le commerce du monde sont incalculables… Les peuples avec lesquels nous allons vivre sont mahométans. Ayez pour les cérémonies que prescrit l'Alcoran, pour les mosquées, la même tolérance que vous avez eue pour les couvents, pour les synagogues, pour la religion de Moïse et de Jésus-Christ. Les légions romaines protégeaient toutes les religions… »

Sur les navires, les amateurs de lecture s'arrachent les *Lettres sur l'Égypte* de Claude Savary et le *Voyage en Égypte et en Syrie* de Volney. Ces deux ouvrages récents donnent de la vallée du Nil des visions assez contradictoires. Faut-il se fier au regard froid et implacable de Volney ou aux tableaux enchanteurs de Savary, qui a vu se baigner dans le Nil des naïades à moitié nues ?

Alexandrie n'est plus qu'à quelques lieues. Avec un enthousiasme de moussaillon, Vivant Denon est très fier d'appartenir à la frégate envoyée en reconnaissance. Au lever du jour, il découvre avec surprise une côte aride et blanche s'étendant à l'horizon. Pas un arbre, pas une maison. « Ce n'est pas seulement la nature attristée, note-t-il, mais la destruction de la nature, mais le silence et la mort. » Près de lui, un soldat lance à un camarade : « Tiens, regarde, voilà les six arpents de terre qu'on t'a promis ! » On s'esclaffe.

L'officier dépêché à terre met une éternité pour revenir, accompagné du neveu du consul de France, qui est porteur d'une mauvaise nouvelle : Nelson, toujours à la recherche des Français, vient de faire escale à Alexandrie. Reparti bredouille, il doit traîner dans les parages avec sa flotte. Quant aux autorités égyptiennes, averties d'une possible invasion française, elles mettent en place un système de défense.

Bonaparte n'a pas le choix : il faut débarquer au plus vite. C'est en pleine nuit, le 1er juillet, par une mer furieuse, que des chaloupes sont mises à l'eau, dans l'anse dite du Marabout (déformation du mot arabe *al-mourabit*), à l'ouest d'Alexandrie. La manœuvre est redoutable. Plusieurs embarcations, emportées par les vagues, s'écrasent contre les navires ou les brisants. Les cris des soldats qui vont se noyer résonnent dans la nuit. Leur succède un silence poignant.

Savants et artistes ne s'attendaient pas à cette Égypte-là. Ils n'ont encore rien vu.

2

Dans un foyer de lumières

L'Égypte, enfin ! Savants et artistes ont été regroupés sur une frégate de faible tonnage, la *Montenotte*, capable de pénétrer dans le port d'Alexandrie. Ils ont attendu deux jours en mer, sans nouvelles des combats qui se livraient à terre (une petite résistance, avec de faibles moyens, rapidement matée par Bonaparte). Le 4 juillet 1798 au matin, après une nuit passée sur le pont, un canot les dépose sur la rive, hors les murs. Ni comité d'accueil ni portefaix : chacun doit traîner sa malle dans le sable, pour se diriger vers ce qui ressemble vaguement à une ville.

Alexandrie ? Est-ce bien Alexandrie ? Les membres de la Commission des sciences et des arts se frottent les yeux. Même ceux qui ont lu le *Voyage en Égypte et en Syrie* de Volney, pourtant bien peu complaisant, sont stupéfaits. L'ancien centre intellectuel du monde n'est plus qu'une bourgade poussiéreuse de 6000 habitants, aux rues étroites et aux masures branlantes. « Nous cherchions l'Alexandrie d'Alexandre, bâtie par l'architecte Dinocharès, nous cherchions cette ville où sont nés, où se sont formés tant de grands hommes, cette bibliothèque où les Ptolémées avaient réuni le dépôt des connaissances humaines ; nous cherchions enfin cette ville commerçante, son peuple actif, industrieux : nous ne trouvâmes que ruines, barbarie, avilissement et pauvreté de toutes parts », raconte Charles Norry, un architecte de 20 ans.

Pour le moment, il faut se loger. Et, là, mauvaise surprise : rien n'a été prévu pour les membres de la Commission des sciences et des arts. Les généraux ont d'autres chats à fouetter. Tandis que la troupe occupe les huttes de palmes qu'elle vient de se construire le long du rivage, quelque 160 civils errent comme des âmes en peine, poursuivis par des chiens faméliques. Villiers du Terrage, élève de Polytechnique, passe sa première nuit africaine couché par terre, près de sa malle.

Il faudra plusieurs jours aux savants et artistes pour réussir à se caser plus ou moins, chez des Européens ou dans la maison du consul d'Angleterre, qui a quitté la ville avant l'arrivée de l'expédition française. La nourriture manque, l'eau est puisée dans des citernes douteuses. Et les moustiques, la chaleur… L'ingénieur Prosper Jollois s'indigne de « l'abandon où on laisse une foule de jeunes gens que l'on avait arrachés à leur patrie, à leurs parents, à leurs amis, et auxquels on avait promis monts et merveilles ».

Très vite, pourtant, l'esprit scientifique se réveille, reléguant au second plan des difficultés matérielles qui, d'ailleurs, s'atténuent au fil des jours. Un matin, vers 5 heures, plusieurs membres de la Commission, protégés par une escorte et accompagnés de Louis Bonaparte, le jeune frère du général en chef, vont observer la colonne de Pompée, qui domine la ville du haut d'une colline. Pour grimper au sommet de cette pièce de granit rouge, complètement lisse, on se sert d'un cerf-volant, muni d'une cordelette pendante. On fait passer celle-ci au-dessus du chapiteau, comme sur une poulie, avant de la remplacer par des cordes de plus en plus grosses. La dernière

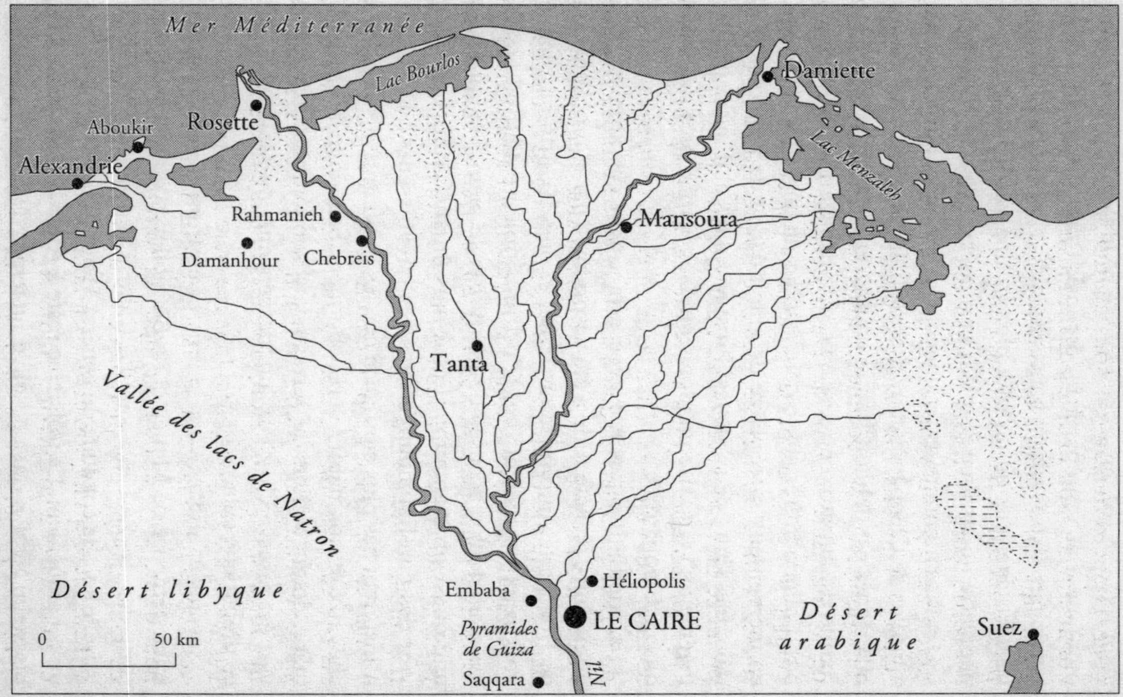
Mer Méditerranée
Lac Bourlos
Damiette
Rosette
Aboukir
Alexandrie
Lac Menzaleh
Rahmanieh
Mansoura
Damanhour
Chebreis
Tanta
Vallée des lacs de Natron
Héliopolis
Embaba
Désert libyque
LE CAIRE
Désert arabique
Suez
0
50 km
Pyramides de Guiza
Saqqara
Nil

étant fixée au sol, un jeune mousse peut alors se hisser sur le monument et y préparer un dispositif capable d'élever des personnes assises sur un banc suspendu… Mesurer la colonne ne nécessite plus qu'un fil à plomb. Une vérification au graphomètre lui attribue 88 pieds et 6 pouces, soit 28,75 mètres.

D'autres monuments retiennent l'attention, comme les deux aiguilles de Cléopâtre, couvertes de hiéroglyphes. L'un de ces obélisques est debout, l'autre couché et à moitié enfoui. Une fouille est aussitôt entreprise pour le dégager. On ne manque pas d'aller admirer aussi, dans la cour de la grande mosquée, un merveilleux sarcophage de granit datant de l'époque pharaonique. Entre deux visites, Prosper Jollois et d'autres jeunes ingénieurs vont faire un plongeon dans la mer, près des bains dits de Cléopâtre…

La population regarde avec effarement ces agités venus d'une autre planète. Elle a été désorientée par la proclamation de Bonaparte, imprimée en arabe, et que déchiffrent à haute voix ceux qui savent lire. C'est une violente diatribe contre les mamelouks, accusés de martyriser le peuple égyptien, et une quasi-proclamation de foi musulmane. Mais comment voir des coreligionnaires dans ces envahisseurs ? Les civils n'inspirent pas plus confiance que les militaires. « Nos grands cheveux et nos habits verts choquent beaucoup les musulmans, notera Villiers du Terrage dans son journal. En effet, le vert est réservé chez eux aux descendants de Mahomet. » Si ce n'était que cela…

Savants et artistes vont se répartir en trois groupes. Un premier, composé de Monge et de Berthollet, accompagne Bonaparte dans sa descente vers Le Caire. Un deuxième se rend à Rosette sous la conduite du général Menou, qui a été blessé lors du débarquement. Le troisième reste à Alexandrie avec Kléber, blessé lui aussi et qui a besoin d'un temps de convalescence.

Des mirages sur la route des pyramides

Pour arriver plus vite au Caire, Bonaparte a décidé de prendre la route du désert. Ce voyage à pied, entrepris au cours de la période la plus chaude de l'année, sera un calvaire. Guettés par des bédouins, qui réservent les pires châtiments aux traînards, les soldats étouffent dans leurs uniformes de drap épais. Et ils meurent de soif. De temps en temps, des bouquets de palmiers et des lacs apparaissent dans le lointain. On crie de joie, on se précipite… A ces mirages Monge consacrera quelques semaines plus tard une remarquable étude scientifique.

L'armée est au bord de la mutinerie, mais n'a pas d'autre choix que d'avancer. De désespoir, plus d'un soldat se brûle la cervelle. Comment Monge et Berthollet trouvent-ils la force de s'intéresser à des vestiges ? Les voyant fureter, la troupe se persuade que les savants ont provoqué cette expédition en Égypte pour rechercher des antiquités. Les voilà montrés du doigt, accusés de tous les malheurs de l'armée d'Orient. Le général Caffarelli, traînant sa jambe de bois, parcourt les rangs pour calmer les esprits. Il rappelle que l'Égypte a été jadis le grenier de Rome. Ce pays, assure-t-il, est très riche, on n'en a encore rien vu, toutes ces souffrances seront vite oubliées… « Pardi, lui lance un grenadier, vous vous moquez de cela, général, vous qui avez un pied en France ! » Ce mot, répété de bivouac en bivouac, met un peu de gaieté, mais l'armée, qui n'en finit pas de regretter les verdoyants paysages de Lombardie, est atteinte d'un *spleen* inexorable.

Les rives du Nil sont enfin atteintes à Rahmanieh. Les soldats se jettent tout habillés dans le fleuve, au risque de boire de l'eau polluée et d'être mutilés par des crocodiles. Dans les champs environnants, ils font une consommation effrénée de pastèques, s'attirant de redoutables ennuis intestinaux.

Bonaparte, soucieux de ménager Monge et Berthollet, les confie à l'un des bateaux qui doivent remonter le fleuve. Hélas, la flottille est bientôt attaquée par des bâtiments mamelouks. Une vive bataille s'engage près de la bourgade de Chobrakhit (qui deviendra Chebreis sous la plume des chroniqueurs français), au cours de laquelle les deux savants font vaillamment le coup de feu. Dans un moment critique, voyant sa mort approcher, Berthollet se remplit les poches de pierres pour pouvoir se noyer sans être pris. Cette extrémité lui sera évitée...

Aucun savant n'assiste à la célèbre bataille d'Embaba, dite des Pyramides, au cours de laquelle les mamelouks, montés sur les plus beaux chevaux du monde, sont défaits par les carrés de Bonaparte. Ces fiers cavaliers aux harnachements cousus d'or déchargent en un tournemain leur carabine, leur tromblon et leurs quatre pistolets, avant de fondre, sabre recourbé, sur de vulgaires fantassins. On tire à vingt pas, parfois même à dix pas, et c'est la débandade. Une partie des mamelouks finit sa course dans le Nil ou prend la fuite. Une autre meurt sur place et se voit dépouillée de ses yatagans damasquinés, de ses étriers en argent ou en vermeil.

Cet épisode sanglant, aussitôt transformé en épopée, donnera lieu en France à mille récits, dessins et tableaux, pendant des décennies. « Allez, et pensez que du haut de ces monuments quarante siècles nous observent », avait dit Bonaparte à ses troupes avant la bataille. Les chroniqueurs traduiront plus joliment : « Du haut de ces pyramides, quarante siècles vous contemplent. »

Quand le général en chef de l'armée d'Orient entre dans la capitale, les palais des mamelouks en fuite ont déjà été largement pillés. Mais, très vite, l'ordre français s'impose. « Peuple du Caire, déclare Bonaparte dans une proclamation en arabe, je suis content de votre conduite. Vous avez bien fait de ne pas prendre parti contre moi… » Ceux qui n'ont pas compris sauront à quoi s'en tenir. « Les Turcs ne peuvent se conduire que par la plus grande sévérité, écrit le vainqueur des Pyramides au général Menou le 31 juillet. Tous les jours, je fais couper cinq ou six têtes dans les rues du Caire. Nous avons dû les ménager jusqu'à présent pour détruire cette réputation de terreur qui nous précédait : aujourd'hui, au contraire, il faut prendre le ton qui convient pour que ces peuples obéissent ; et obéir, pour eux, c'est craindre. »

Monge et Berthollet sont appelés à des tâches qui n'ont pas grand-chose à voir avec leurs sciences respectives. Ils mettront les scellés sur les biens des mamelouks et en feront l'inventaire avec l'aide de quelques jeunes polytechniciens. Puis ils seront nommés inspecteurs de la Monnaie. Et lorsque Bonaparte créera une assemblée de notables locaux, le Divan, on leur demandera d'en être les commissaires français.

Une armée prisonnière de sa conquête

De son côté, le deuxième groupe de savants et d'artistes, parti pour Rosette en compagnie du général Menou, a découvert une tout autre image de l'Égypte : « des bosquets charmants d'orangers et de citronniers… du raisin noir superbe », comme l'écrit Villiers du Terrage. Logés chez un négociant français, ces républicains goûtent au luxe et apprécient sans complexe les services d'esclaves maltais. Geoffroy Saint-Hilaire se fait offrir une escorte pour aller chasser dans le Delta, recueillant nombre d'oiseaux intéressants, qu'il « fait préparer en peau et en squelette » pour mieux les étudier. Les botanistes herborisent avec des moyens de fortune : leur papier a disparu, avec beaucoup d'instruments scientifiques, dans le naufrage du *Patriote*, au moment du débarquement à Alexandrie. Chacun s'occupe du mieux possible. L'agronome Nectoux observe les paysans, Vivant Denon dessine tout ce qu'il voit, tandis que Villoteau, ex-baryton de l'Opéra de Paris, sert de secrétaire au général Menou. Trois membres de la Commission sont chargés de l'achat des denrées pour l'armée et la flotte.

Une flotte dont il ne restera bientôt plus grand-chose. Des savants et des artistes assistent, horrifiés, à la bataille navale d'Aboukir, le 1er août, du haut de la tour du couvent d'Abou-Mandour où ils étaient partis en excursion. L'escadre française n'avait pu se mettre à l'abri à Alexandrie. Ignorant la profondeur des passes du Port-Vieux et craignant les vents qui balaient le Port-Neuf, l'amiral Brueys a préféré, en attendant, placer sa flotte dans la baie d'Aboukir. Les navires sont alignés, à l'ancre, assez loin du rivage. Avec une grande audace, Nelson a introduit des bâtiments dans la brèche, prenant l'escadre en tenaille. C'est un carnage. Sur l'*Orient*, Brueys, blessé au visage, la main arrachée, résiste vaillamment jusqu'à ce qu'un boulet le coupe en deux. Son adjoint Dupetit-Thouars pousse l'héroïsme aux limites de l'absurde : ayant perdu bras et jambes, dira la légende, il se fait placer dans un baril de son, qui absorbe son sang, pour continuer à commander le *Tonnant*... Les pertes françaises s'élèvent à 1 700 tués ou noyés, 1 500 blessés, 3 000 prisonniers, 4 navires coulés et 9 autres tombés aux mains des forces anglaises.

Un mois plus tard, revenant sur la plage d'Aboukir, le peintre Redouté en fera une sinistre description : « Le rivage était couvert d'épaves à demi enfoncées dans le sable. D'autres flottaient encore. On eût dit d'un immense chantier de construction maritime. Ici c'était un mât rompu, là un canot à demi brisé, un gouvernail, des bancs, des cages à poulets, des coffres, des caisses... enfin les cadavres des malheureuses victimes du combat, que la mer avait rejetés sur ces bords. Ces tristes restes étaient disséminés sur une longueur de près de quatre lieues. Quelques-uns de ces morts, entièrement nus et qui paraissaient intacts, étaient couchés dans une attitude aussi belle qu'effrayante... Plusieurs, déjà dévorés par les oiseaux de proie, n'étaient plus que des squelettes blanchis par l'eau salée de la mer. »

Les Français ne peuvent plus quitter l'Égypte, ils sont prisonniers de leur conquête. Bonaparte n'apprendra la catastrophe que douze jours plus tard, les communications avec Le Caire étant très difficiles. A ses officiers, effondrés, il lance : « Eh bien, nous voilà dans l'obligation de faire de grandes choses : nous les ferons ; de fonder un grand empire : nous le fonderons. Des mers, dont nous ne sommes pas maîtres, nous séparent de la patrie ; mais aucune mer ne nous sépare ni de l'Afrique ni de l'Asie. Nous sommes nombreux, nous ne manquerons pas d'hommes pour recruter nos cadres. Nous ne manquerons pas de munitions de guerre, nous en avons beaucoup ; au besoin, Champy et Conté nous en fabriqueront. »

La catastrophe d'Aboukir incite en effet les ingénieurs et techniciens à redoubler d'ingéniosité. A Alexandrie, où se trouve le troisième groupe, autour du général Kléber, l'irremplaçable Conté fabrique à toute vitesse des fourneaux à rougir les boulets et une pompe à incendie flottante, en prévision d'une nouvelle attaque anglaise. Les autres savants s'emploient à des tâches plus pacifiques, comme la levée du plan de la ville, l'inspection des citernes ou la remise en état d'un canal de liaison avec le Nil.

Le 10 septembre, une douzaine de membres de la Commission accompagnent les généraux Menou et Marmont pour une tournée dans le Delta. Cette excursion militaire, comptant deux cents hommes d'escorte, ne manque pas de drames. Redouté fait une chute dans le Nil et perd une quarantaine d'aquarelles. Près du village de Chaabas, dans une zone inondée, la petite troupe est accueillie par un feu nourri. Dolomieu tombe de cheval et manque de se noyer. Le peintre Joly, lui, a été pris de panique dès le début de la fusillade : il sombre dans un état de transe et refuse tout secours. Il sera massacré sur place.

A la demande de Bonaparte, tout le monde est convoqué au Caire dans le courant du mois de septembre. Menou et Kléber veulent retenir « leurs » savants. Le premier envoie une lettre pleurnicheuse à Caffarelli : « Général, ayez pitié d'un homme qui a besoin de trouver quelqu'un qui entend le français et avec lequel il puisse causer le soir, quand il a fatigué toute la journée. » Kléber, plus sobre, écrit à Bonaparte, dont on ne discute pas les ordres : « Je regrette infiniment ces artistes, ils ont souvent contribué à éclaircir mes idées trop rembrunies. »

La capitale n'a rien à voir avec Alexandrie ou Rosette : c'est un grand centre commercial de 260 000 habitants, où convergent les caravanes d'Arabie, d'Abyssinie et de Syrie. Ses remparts font 24 kilomètres de long. La découverte de cette ville cosmopolite, qui compte des Grecs, des Syriens, des Juifs, des Maghrébins et des Arméniens, laisse aux savants et artistes des impressions très contrastées. « Pas une belle rue, pas un beau monument », note Vivant Denon. Des rues « étroites, tortueuses et sans pavés [...] fort dégoûtantes », confirme Villiers du Terrage. Le même, pourtant, découvre avec émerveillement, du haut de la Citadelle, les trois cents mosquées du Caire, les pyramides, le désert... Le peintre Redouté n'a pas de mots assez forts pour exprimer son ravissement devant le contraste entre les maisons sombres et les mosquées blanches, « les élégants minarets qui s'élèvent dans l'air comme des flèches ». En cette période de crue du Nil, l'immense place de l'Ezbékieh, bordée de maisons cossues, est entièrement inondée, et des barques majestueuses la traversent. Une Venise orientale. Bonaparte s'est installé là, dans le luxueux palais d'Elfy bey, l'un des mamelouks en fuite. L'architecte Jean-Baptiste Lepère y construit une terrasse, un grand escalier et réaménage certaines pièces à l'européenne.

« La maîtresse favorite du général »

Quatre palais contigus, entourés de magnifiques jardins, ont été réquisitionnés dans le quartier de Nasrieh pour pouvoir réaliser le grand projet de Bonaparte : un Institut d'Égypte, sur le modèle de l'Institut national. Il s'agit de travailler au bord du Nil comme on le ferait au bord de la Seine. La science française est en quelque sorte décentralisée. Cette académie coloniale sera « la maîtresse favorite du général », selon des militaires ironiques.

Les séances de l'Institut se tiennent dans le grand salon du harem de Hassan Kachef, garni de meubles précieux, trouvés ici ou là. Les sept premiers membres, désignés par Bonaparte, sont chargés d'élire les vingt-neuf autres. La plupart appartiennent à la Commission des sciences et des arts. S'y ajoutent des militaires (dont Bonaparte, Andréossy et Caffarelli), des membres de l'administration et du service de santé, ainsi qu'un religieux syrien, de rite grec-catholique, dom Raphaël (Antoine Zakkour), qui possède parfaitement l'arabe. Point d'Égyptien, en revanche : l'obstacle de la langue et le fossé culturel sont sans doute jugés infranchissables. La participation de lettrés locaux aurait pourtant donné une autre dimension à l'entreprise...

Une triple mission est confiée à l'Institut : étudier l'Égypte sous toutes ses facettes, y propager « les lumières » et répondre aux questions soumises par « le gouvernement ». Quatre sections sont constituées : mathématiques, physique, économie politique, littérature et arts. Après quelques coquetteries, Monge accepte d'en être le président pour les trois premiers mois. Le vice-président en sera Bonaparte, membre de la section de mathématiques, qui lui succédera le trimestre suivant.

Dès la première séance, le 23 août, le général en chef pose six questions pratiques à ses collègues : comment perfectionner la cuisson du pain ? Peut-on trouver un substitut au houblon pour fabriquer de la bière ? Est-il possible de clarifier et de rafraîchir l'eau du Nil ? Faut-il construire au Caire des moulins à eau ou des moulins à vent ? Comment fabriquer de la poudre avec les moyens locaux ? De quelles réformes auraient besoin le système judiciaire et l'enseignement en Égypte ?

Bonaparte attend des réponses rapides. On constitue aussitôt des commissions pluridisciplinaires, qui se prononceront dès les séances suivantes avec une remarquable efficacité. Il suffit de cinq jours, par exemple, pour trouver le moyen de fabriquer localement de la poudre : celle qui se trouve dans le pays encrasse anormalement les fusils et ne permet pas aux balles de porter à plus de quelques dizaines de pas. Le président de la Commission explique que l'Égypte possède du charbon de bois de lupin, et que son climat est idéal pour la formation du salpêtre. Ne lui manque que le soufre, qu'on pourrait faire venir de Sicile. Il est techniquement possible d'augmenter la force de la poudre locale en diminuant les doses de soufre. Deux ans plus tard, on constatera avec fierté que la poudre fabriquée au Caire « porte le boulet d'épreuve à quatre toises un pied plus loin que la poudre de France »...

Lors de la séance du 7 septembre, c'est la commission sur les fours à pain qui dépose ses conclusions. Les tiges de carthame, les roseaux et la paille de maïs, affirme-t-elle, fourniraient un combustible abondant, moins cher de 20 % que celui qu'on utilise en France ; la consommation pourrait d'ailleurs diminuer grâce à une nouvelle construction permettant une vitesse de l'air plus grande... Qui a dit que les commissions étaient faites pour enterrer les dossiers ?

La célérité conduit à des erreurs. La commission qui se prononce en faveur des moulins à eau – plus faciles à construire et plus économiques que les moulins à vent – n'a pas pris le temps d'étudier les effets de la crue du Nil. Les modifications considérables du niveau du fleuve perturberont le fonctionnement des roues à aube. Après quelques mésaventures, on préférera construire des moulins à vent.

Bonaparte, très assidu aux séances, ne se prend pas pour un membre d'honneur de l'Institut. « Je veux faire aussi mon mémoire comme les autres, et j'irai vous le lire », lance-t-il un jour à Monge, mettant le mathématicien dans le plus grand embarras. Berthollet trouvera les mots adéquats : « Général, vous êtes trop grand dans l'Europe et partout, et trop au-dessus de tout le monde pour aller, dans ce moment-ci, vous mettre à écrire un mémoire. Tout le monde voudrait se mêler de le juger. Il se trouverait des gens qui iraient chercher Plutarque ou déterrer le diable pour prouver que cela ne vaudrait rien. Vous vous compromettriez, j'en suis fâché, général... » Bonaparte renonce à son mémoire.

Une véritable cité scientifique se met en place dans le

quartier de Nasrieh, avec une bibliothèque, des laboratoires de physique et de chimie, un cabinet d'histoire naturelle, des ateliers de mécanique, un observatoire, une ménagerie et même un petit musée archéologique. La plupart des membres de l'Institut – mais aussi les autres savants et artistes de la Commission, associés à leurs travaux – sont aux anges. Dans une lettre du 3 août, Geoffroy Saint-Hilaire décrit des espaces immenses et bien plantés, pour la culture et la botanique : « Notre volière est déjà toute faite ; bientôt nous serons, sous ce rapport, mieux établis que dans le Jardin des Plantes. » Et, le 10 septembre, à son père : « Je jouis de plus d'aisance que je n'avais à Paris ; je suis placé dans un foyer de lumières, dont je tâche de profiter ; entouré d'amis, j'ai le bonheur d'approcher notre illustre chef et de manger assez fréquemment avec lui. »

Ce climat de travail est favorisé par des conditions matérielles exceptionnelles. « Nous avions, racontera Jomard, de l'autre côté du palais d'Hassan Kachef, le vaste jardin de Cassim bey pour la promenade du soir ; la conversation de Fourier faisait le charme de nos entretiens... La beauté du ciel, le parfum des orangers, la douceur de la température ajoutaient encore à l'agrément de ces réunions, qui se prolongeaient au milieu de la nuit... Ce jardin de Cassim bey était notre jardin d'Academus et ses acacias étaient nos platanes. Plus d'une grande pensée, plus d'une idée vraiment philosophique, plus d'une découverte scientifique y ont pris naissance. On se flattait alors de jeter les fondements d'une nouvelle école d'Alexandrie, qui, partie d'un point plus avancé, pouvait un jour effacer l'ancienne. »

Des architectes débattent avec des naturalistes ; des physiciens ou des astronomes collaborent avec des géographes... Le travail pluridisciplinaire correspond bien à l'esprit de l'époque, hérité de l'Encyclopédie. Rares sont ceux qui s'enferment dans leur spécialité. Le mathématicien Fourier, qui a été nommé secrétaire perpétuel de l'Institut d'Égypte, n'a-t-il pas commencé sa carrière par l'enseignement des lettres et de la philosophie ? Les séances qui se tiennent au palais de Hassan Kachef tous les cinq jours, de bon matin, frappent par leur éclectisme : durant celle du 12 septembre, il est question successivement des fours à pain, de l'établissement d'un almanach et de la résolution générale des équations algébriques. Le poète Parseval Grandmaison y lit la traduction d'un fragment du Tasse, tandis que le médecin-chef Desgenettes s'exprime sur la prévention de quelques maladies fréquentes en Égypte, comme la dysenterie et les ophtalmies.

Une revue scientifique et un journal

Dans cette ambiance de travail, les jeunes élèves de Polytechnique, qui avaient dû interrompre leurs études, se replongent dans leurs cahiers de calcul différentiel, d'équations littérales et de trigonométrie. Un jury, présidé par Monge, les examine. Ils devront attendre le résultat plusieurs jours, avec la même fébrilité que leurs camarades restés en France. Ayant tous réussi leur examen de sortie, ils choisissent une affectation, se partageant entre les Ponts et Chaussées, le Génie militaire et l'artillerie.

L'Institut d'Égypte est en liaison avec l'Institut national. Chacun des mémoires établis au Caire est adressé à l'académie mère, qui lui envoie en retour certains textes. Mais, en raison de la destruction de la flotte et du contrôle de la Méditerranée par les Anglais, les communications sont très irrégulières. Il faut suppléer sur place au manque de livres et de journaux. Ce sera le rôle des imprimeries transportées en Égypte par l'armée d'Orient.

Une revue scientifique, *La Décade égyptienne*, voit le jour en octobre de cette année 1798. Son titre – jugé d'autant plus ridicule par certains qu'elle ne pourra paraître tous les dix jours – est inspiré de *La Décade philosophique*. Dans un éditorial de présentation, Tallien précise : « Le journal que nous entreprenons sera purement littéraire. Aucune nouvelle, aucune discussion politique n'y trouvera place ; mais tout ce qui est du domaine des sciences, des arts, du commerce, sous ses rapports généraux et particuliers, de la législation civile et criminelle, des institutions morales ou religieuses, sera recueilli avec empressement. » On y lira en effet des mémoires sur les sujets les plus divers, des tableaux statistiques et même des poèmes, avec des extraits en arabe.

Une publication d'une autre nature, *Le Courrier de l'Égypte*, s'adresse au corps expéditionnaire. C'est un instrument de propagande, destiné à entretenir le moral des troupes, mais aussi une feuille d'informations – quatre petites pages – apportant des nouvelles d'Europe et rendant compte des activités quotidiennes des Français en Égypte. Ce n'est pas un modèle de journalisme : une parution irrégulière, des coquilles en pagaille… Le titre lui-même sera orthographié *Courier* dans la plupart des numéros, sans que cela émeuve quiconque apparemment.

Les deux publications, dirigées par des membres de l'Institut, paraîtront durant toute l'Expédition. D'abord, sous les presses de l'imprimeur Marc-Aurel, qui a suivi l'armée d'Orient à titre privé avec son propre matériel ; puis, à l'imprimerie officielle, confiée à l'orientaliste Jean-Joseph Marcel.

Les petites jalousies qui étaient apparues lors du voyage en Méditerranée trouvent de quoi s'alimenter au Caire, malgré le confort de l'installation. Caffarelli est accusé de privilégier les ingénieurs militaires au détriment des ingénieurs civils. A Fourier on reproche trop d'indulgence pour ses élèves ou anciens élèves de Polytechnique. Lui-même se moque des naturalistes… Ces conflits sont observés d'un œil narquois par Bonaparte. « Ils ressemblent beaucoup aux femmes, n'est-ce pas ? » lance-t-il un jour à Desgenettes. « Général, répond le médecin, on s'amuserait un peu mieux avec les femmes. » Et Bonaparte : « Oh ! mais c'est pour le chuchotage que j'en parle, et pour les rivalités et les prétentions. »

Le 19 septembre, le général en chef offre à quelques privilégiés, civils et militaires, une excursion sur le plateau de Guiza pour observer de près la Grande Pyramide. Deux jeunes savants, n'appartenant pas à l'Institut, Dubois-Aymé et Villiers du Terrage, réussissent à se joindre au groupe, en passant la nuit à bord d'une des barques qui doivent franchir le Nil. Le reste du chemin se fera à pied.

Devant le gigantesque monument, tous les excursionnistes sont muets d'admiration. « Qui arrivera le premier en haut ? » lance Bonaparte. On part à l'assaut de ces pierres très hautes. Lui-même reste en bas, tenant compagnie au général Caffarelli, à qui sa jambe de bois interdit ce genre d'exercice. Mais il excite de la voix les paresseux et les trouillards. Le premier à atteindre le sommet est Monge, portant sa gourde d'eau-de-vie en sautoir, ruisselant de transpiration, mais plus allègre qu'un jeune homme.

Le mathématicien ne se tient pas d'enthousiasme au cours de cet automne 1798. A sa femme, qui le traitait de « vieux fou » lorsqu'il parlait de suivre Bonaparte en Égypte, il écrit avec jubilation : « Lorsque ce pays-ci aura été bâti, planté, percé pendant cinquante ans par les Français, ce sera un paradis terrestre. Les propriétaires viendront passer l'hiver ici pour améliorer leurs possessions et courront au printemps manger leurs revenus à Paris. »

Encore faut-il que les Égyptiens soient d'accord avec ce plan dix fois quinquennal…

3

Le Prophète et les magiciens

Bonaparte n'est pas Saint Louis. Contrairement au Roi Très Chrétien, envahissant l'Égypte cinq siècles plus tôt à la tête d'une croisade, le général en chef de l'armée d'Orient se pose en admirateur de l'islam. Sa première proclamation en arabe, rédigée avec l'aide de l'orientaliste Venture de Paradis, est assez sidérante. Il ne s'y présente pas seulement comme celui qui vient libérer le pays de la tyrannie des mamelouks – « ce ramassis d'esclaves achetés dans le Caucase et la Géorgie » – mais comme un disciple du Prophète. Le texte imprimé le 27 juin 1798 à bord de l'*Orient* commence par ces mots : « Au nom de Dieu le Bienfaiteur, le Miséricordieux, il n'y a pas de dieu que Dieu, il n'a pas de fils ni d'associé dans son règne. » Et, un peu plus loin : « Égyptiens, on vous dira que je viens pour détruire votre religion ; c'est un mensonge, ne le croyez pas ! Répondez que je viens vous restituer vos droits, punir les usurpateurs ; que je respecte, plus que les mamelouks, Dieu, son prophète Mahomet et le glorieux Coran. »

La suite de la déclaration est encore plus explicite : « Nous sommes de vrais musulmans. N'est-ce pas nous qui avons détruit le pape qui disait qu'il fallait faire la guerre aux musulmans ? » Dans des propos ultérieurs, adressés aux notables égyptiens, membres du Divan, Bonaparte ira jusqu'à se présenter comme l'« être supérieur » attendu d'Occident pour continuer l'œuvre du Prophète. « Ce délégué de Mahomet, dira-t-il, c'est moi. »

Le docteurs de la Loi ont vite fait de démonter ce discours, qu'ils déclarent impie. Ils se trouvent devant un étrange charabia, mélangeant des principes républicains et des dogmes islamiques, avec quelques grossières fautes de syntaxe ou de vocabulaire. Parler d'Allah dans un arabe approximatif n'est pas un péché véniel ! Loin de les rassurer, ces chrétiens qui attaquent le christianisme leur semblent être des athées. Sans illusion, les oulémas inviteront Bonaparte à se convertir à l'islam avec ses troupes. Il leur opposera la double difficulté de pratiquer la circoncision – on ne va tout de même pas opérer 35 000 soldats de la République ! – et d'empêcher l'armée française de boire du vin. Les docteurs de la Loi se concertent et, habilement – piège du colonisé au colonisateur –, décrètent que l'on peut faire exception sur ces deux points, étant entendu que les convertis ne pourraient alors jouir de toutes les félicités dans l'au-delà. Bonaparte s'esquive. On ne parlera plus de conversion. Seul le général Jacques Menou, devenu « Abdallah », franchira le pas et épousera une musulmane, s'attirant des quolibets de la part de ses compatriotes, sans trouver beaucoup de considération chez ses nouveaux coreligionnaires…

Dans une lettre à un ami, le général Dupuy, commandant du Caire, affirme sans ambages : « Nous trompons les Égyptiens par notre simulé attachement à leur religion à laquelle Bonaparte et nous ne croyons pas plus qu'à celle de Pie le défunt. » Tout n'est-il vraiment que comédie chez le futur empereur ? L'islam est intimement mêlé au rôle de prince de l'Orient

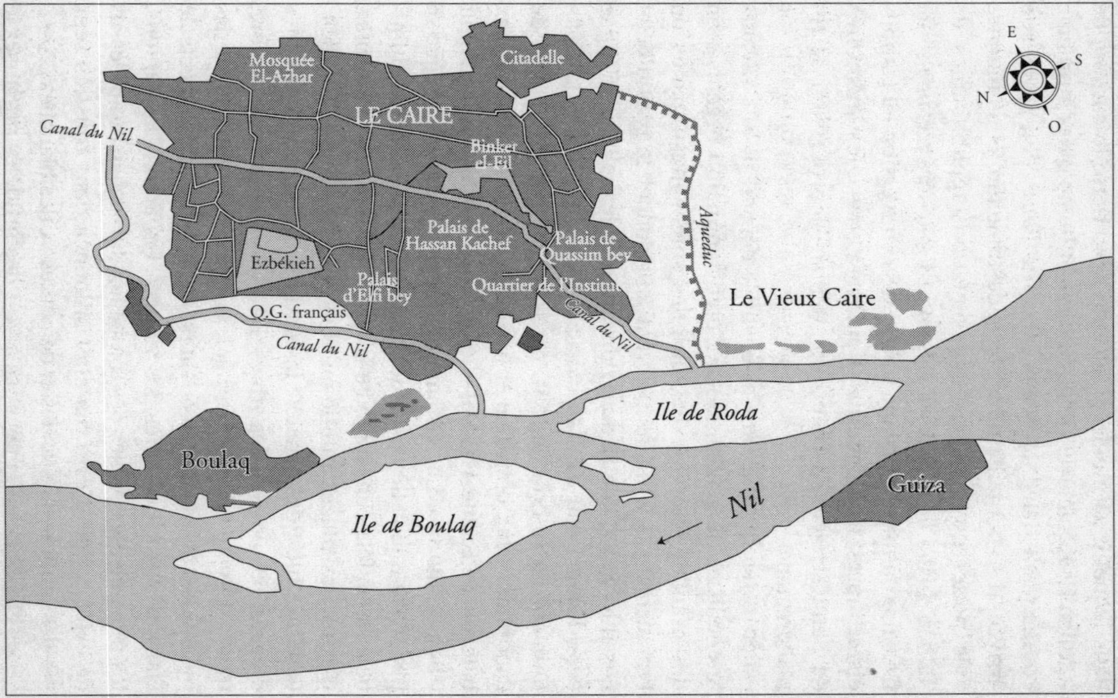
Mosquée El-Azhar
Citadelle
LE CAIRE
Canal du Nil
Binket el-Fil
Palais de Hassan Kachef
Palais de Quassim bey
Ezbékieh
Palais d'Elfi bey
Quartier de l'Institut
Q.G. français
Canal du Nil
Canal du Nil
Aqueduc
Le Vieux Caire
Ile de Roda
Boulaq
Guiza
Nil
Ile de Boulaq
E
S
N
O

dans lequel il se moule. Il accepte avec fierté le surnom de « sultan El-Kébir » (le Grand Sultan), et l'emploiera lui-même couramment dans ses Mémoires. Au Caire, peu après son arrivée, il se fait tailler un étrange costume turc et ne renonce à le porter qu'après les représentations républicaines de Tallien. Jusqu'à la fin de sa vie, on ne l'entendra pas une seule fois dire du mal de l'islam, même si sa conversion au catholicisme après le Concordat l'amènera, dans les mémoires de Sainte-Hélène, à beaucoup atténuer sa profession de foi mahométane.

Peu après la prise du Caire, sur le conseil de ses savants orientalistes, le général en chef prend en main l'organisation des grandes fêtes locales, qu'elles soient musulmanes ou typiquement égyptiennes. Il veut leur donner le plus d'éclat possible. Selon la tradition, l'ouverture solennelle de la digue conduisant l'eau dans le canal qui traverse la capitale, au moment de la crue du Nil, est marquée par des coups de canon, des feux d'artifice et une pluie de pièces lancées aux bateaux. A Sainte-Hélène, Napoléon en gardera un souvenir très poétique : « Le Nil annonça une inondation beaucoup plus forte que celle des années précédentes. La ville, illuminée, fut en fête pendant toute la nuit et les huit nuits suivantes. Bientôt les places publiques du Caire devinrent des lacs ; certaines rues, des canaux ; les jardins, des prairies couvertes d'eau, d'où sortaient des arbres. Dans le courant de septembre, toute l'Égypte offrit le spectacle d'une mer, vue du haut des pyramides, du Moqattam ou du palais de Saladin. Ce spectacle était ravissant. Les villes, les villages, les arbres, les santons, les minarets, les dômes des tombeaux surnageaient au-dessus de cette nappe d'eau, qui était sillonnée dans tous les sens par des milliers de grandes et de petites voiles blanches… »

Les cheikhs ne tiennent pas à voir des infidèles organiser le

Mawlid, la fête de la naissance du Prophète, et invoquent le manque d'argent pour annuler les célébrations. Mais Bonaparte débloque aussitôt des crédits. Une musique militaire ira jouer sous les fenêtres du cheikh El-Bakri, l'un des principaux membres du Divan, qui se sentira obligé d'organiser un grand dîner en l'honneur du nouveau maître de l'Égypte.

Celui-ci ne perd aucune occasion de flatter les notables et les docteurs de la Loi. Dans ses Mémoires, il raconte, en embellissant un peu : « C'étaient des vieillards respectables par leurs mœurs, leur science, leurs richesses et même par leur naissance. Tous les jours, au soleil levant, eux et les ulémas de Gâma el-Azhar prirent l'habitude de se rendre au palais, avant l'heure de la prière. La place d'Ezbekyeh tout entière était encombrée de leur cortège. Ils arrivaient sur leurs mules richement harnachées, environnés de leurs domestiques et d'un grand nombre de bâtonniers. Les corps de garde français prenaient les armes et leur rendaient les plus grands honneurs. Parvenus dans les salles, des aides de camp et des interprètes les recevaient avec respect, leur faisaient servir du café. Peu d'instants après, le général entrait, s'asseyait au milieu d'eux, sur le même divan, et cherchait à leur inspirer confiance par des discussions sur le Coran, s'en faisant expliquer les principaux passages et montrant une grande admiration pour le Prophète. »

La technique française ignorée

Savants et artistes sont mobilisés pour l'organisation de fêtes républicaines, qui doivent impressionner les Égyptiens par le faste et les prouesses techniques. Le physicien Malus, assisté de deux jeunes ingénieurs, Jollois et Lancret, prépare la fête nationale du 1er vendémiaire de l'an VII (22 septembre 1798). Sur la place de l'Ezbékieh, on installe un obélisque en bois imitant le granit rose et un grand cirque entouré d'une centaine de colonnes portant chacune un drapeau tricolore. L'arc de triomphe est décoré d'une peinture de Rigo, reproduisant la bataille des Pyramides, tandis que s'étale une inscription en arabe : « Il n'y a de dieu que Dieu et Mahomet est son prophète. » Deux membres de l'Institut d'Égypte, le musicien Rigel et le poète Parseval, composent une cantate, qui sera entonnée par un chœur de soldats. Au cours d'un dîner de cent cinquante couverts, des arabisants traduisent les échanges d'amabilités entre Bonaparte et les notables égyptiens, ainsi que le toast porté par Monge : « Au perfectionnement de l'esprit humain, au progrès des lumières ! »

Une montgolfière aurait dû être lancée par Conté, mais elle n'est pas prête. On ne la présentera aux habitants du Caire que deux mois plus tard, non sans difficultés. Un avis est placardé dans les souks, annonçant que « s'élèvera de la place de l'Ezbékieh une grande machine volante » inventée par les Français. Le 30 novembre, une foule nombreuse est sur les lieux. La montgolfière s'élève dans les airs, mais finit par retomber. Des spectateurs affolés prennent la fuite. Le chroniqueur égyptien Gabarti, qui était sur place, commente avec ironie : « La chute du ballon contraria les Français. Ce qu'ils avaient annoncé ne se vérifia pas. Ils avaient dit qu'une sorte d'embarcation se déplacerait dans les airs grâce à la merveille de la technique, avec des passagers qui se rendraient au loin pour y faire des découvertes et rapporter des informations. En fait, ce ne fut pas plus qu'un cerf-volant, tel qu'en fabriquent les valets aux jours de fêtes publiques et de divertissements. »

Une deuxième expérience, un mois et demi plus tard, à l'occasion de l'anniversaire de la victoire de Rivoli, est plus concluante. La montgolfière survole la ville pendant une demi-heure avant de retomber. Nombre de Cairotes jettent des regards distraits vers ce grand ballon, bleu, blanc et rouge. Leur indifférence déçoit beaucoup les Français. « Ces fêtes frappèrent très peu les habitants du Caire, malgré leur magnificence », remarque le médecin-chef Desgenettes. Même son de cloche chez le géologue Dolomieu : « Le peuple n'a ni curiosité ni émulation ; son indifférence absolue à tout ce qui est étranger à son état, à sa profession ou à ses usages est peut-être ce qui m'a paru le plus extraordinaire dans sa manière d'être. Rien ne l'étonne parce qu'il ne fait aucune attention à ce qu'il ne connaît pas. »

D'une manière générale, la science et la technique françaises ne provoquent pas, chez les Égyptiens, l'admiration ou même la surprise qu'on attendait. La distance culturelle entre les deux peuples paraît immense. Cela fait longtemps que les étudiants de la prestigieuse université d'El-Azhar, cette Sorbonne de l'Orient, n'étudient plus que l'arabe et les matières religieuses. Quelques bribes de calcul leur permettent de procéder au partage des héritages, et le peu d'astronomie qu'on leur enseigne ne vise qu'à déterminer le début des mois lunaires et les heures de la prière, à l'aide d'instruments grossiers. « Les Égyptiens modernes, note l'ingénieur Chabrol, négligent les sciences exactes autant que leurs ancêtres les ont cultivées. » Dans cette Égypte somnolente depuis des siècles, il ne reste plus grand-chose de la brillante science arabe. Pas même une vraie curiosité.

Les notables égyptiens sont invités à assister aux séances de l'Institut. On traduit au cheikh El-Mahdi la communication de Geoffroy Saint-Hilaire sur le tétrodon, un poisson étonnant, qui, à force d'absorber de l'air, en arrive à se déséquilibrer, à culbuter sur le dos, puis à changer de forme pour ressembler presque à un globe. L'Égyptien s'étonne : « Quoi ! Tant de paroles pour un seul poisson ! Je plains véritablement l'auteur s'il est obligé d'en dire autant sur chacune des espèces qui vivent dans les eaux. » Et de signaler que le Tout-Puissant a créé dans le vaste univers plus de cinquante mille espèces différentes de poissons… Quant au cheikh El-Bakri, il fait preuve d'une belle indifférence lorsque Berthollet réalise devant lui des expériences de chimie et d'électricité statique. Il demande au savant français si sa science lui permet de se trouver à la fois en Égypte et au Maroc. Berthollet juge cette question absurde et le manifeste par un haussement d'épaules. Le cheikh s'exclame alors, ravi : « Vous voyez bien que vous n'êtes pas tout à fait sorcier ! »

Rencontre manquée, dialogue de sourds. Devant les démonstrations scientifiques des Français, qui sont d'abord des démonstrations de force, les notables égyptiens n'ont qu'un seul refuge : l'islam. Leur indifférence apparente est sans doute une manière de se protéger, comme si cette science d'importation menaçait leur identité.

Seuls les livres, proches de leur culture écrite, les intéressent. Ils ne peuvent s'empêcher d'admirer la bibliothèque de l'Institut et d'ouvrir des yeux ronds devant le matériel d'imprimerie. Apprenant que cette technique permet de diffuser un grand nombre d'exemplaires d'un même ouvrage, le cheikh El-Bakri remarque que beaucoup de bons livres arabes, inconnus du public, mériteraient d'être imprimés. « Toutes les sciences, déclare-t-il, viennent de Dieu, et lorsque Dieu le veut, il n'y a aucune chose que les hommes ne puissent entreprendre, et dans laquelle ils ne puissent réussir. » L'orientaliste Marcel, qui dirige l'imprimerie officielle du Caire, ne manquera pas de traduire et d'éditer plusieurs ouvrages arabes, dont les *Fables de Loqman le Sage*. Il publiera aussi des *Exercices de lecture d'arabe littéral, extraits du Koran, à l'usage de ceux qui se livrent à l'étude de cette langue*, et même, après avoir fait fondre des caractères spéciaux, un *Alphabet arabe, turk et persan.*

Que pensent réellement les Égyptiens de cette invasion technique ? Les principales sources de documentation locales disponibles – sinon les seules – sont les chroniques de Nicolas Turk et d'Abdel Rahman al-Gabarti. Le premier est un chrétien syrien, ce qui limite la portée de son témoignage, alors que le second, un bourgeois musulman du Caire appartenant à une famille d'érudits, a laissé une somme d'une valeur inestimable. C'est en véritable ethnologue que Gabarti observe les Français. Sa chronique a d'autant plus d'intérêt qu'il en a rédigé trois versions successives : la première, à chaud ; la deuxième, juste après le départ des occupants, qui y sont présentés sous un jour très négatif ; la troisième, ultérieurement, avec plus de distance et de modération. Mais ce grand bourgeois offre un miroir déformant de l'état d'esprit des Égyptiens. Il aura manqué un Gabarti populaire.

Quoique sévère pour les Français, le chroniqueur ne cache pas son admiration pour ces savants qui passent des jours et des nuits à apprendre l'arabe. Il s'extasie tout autant devant un engin aussi simple que la brouette, ces « petites charrettes aux deux bras allongés par-derrière ». Après une visite au laboratoire de chimie de l'Institut, Gabarti en arrive à la conclusion que « ces gens-là connaissent quantité de choses et des combinaisons extraordinaires, ils arrivent à des résultats inimaginables ». Et il écrit cette phrase, terrible pour ses compatriotes : « On nous fit encore d'autres expériences tout aussi extraordinaires que les premières, et que des intelligences comme les nôtres ne parviennent pas à saisir. » Pauvre science arabe, tombée si bas, après tant de gloire !

Le choc de deux cultures

Le peuple du Caire est sensibilisé à la technique française par l'intermédiaire des ateliers de Conté. Dans le quartier de l'Institut se trouvent désormais des forges, des menuiseries, des fabriques d'armes, d'horlogerie, d'orfèvrerie et de machines de précision. Aidé de plusieurs ingénieurs, physiciens et techniciens, le chef des aérostiers produit aussi bien des moulins à vent que des machines à purifier les grains ou des instruments d'astronomie. Ses ateliers emploient quelque trois cents personnes, parmi lesquelles nombre d'ouvriers et d'apprentis égyptiens. Certains produits sont sous-traités à des artisans locaux. Autant dire que Conté, le borgne au bandeau, est couvert de bénédictions lorsqu'il se promène dans les rues du Caire…

La population apprécie moins les nouveaux loisirs introduits par l'occupant. Des chrétiens ont ouvert des débits de boisson à l'européenne. On y consomme, entre autres, de la bière sans houblon, fabriquée selon la recette de l'Institut. Un établissement de jeux, inspiré du Tivoli parisien, est inauguré en novembre 1798 dans un beau jardin de la ville, planté d'orangers et de citronniers. Eau courante, balançoires, jeu du tonneau… A l'intérieur, les abonnés disposent de salons, d'un restaurant, d'un cabinet de lecture et même de bains à l'européenne. C'est dans ce lieu de plaisirs que Bonaparte rencontre sa future maîtresse, Pauline Fourès, née Bellile, la jeune épouse d'un lieutenant du 22e chasseurs, lequel se voit vite confier une mission lointaine. Surnommée « notre générale Bellilote », cette ancienne modiste de Carcassonne se fera appeler « Cléopâtre » lorsqu'elle passera des bras de Bonaparte à ceux de son successeur, Kléber…

Des troupes d'amateurs montent des pièces de théâtre. Des bals publics ou privés sont organisés, tandis que des concerts de musique militaire ont lieu quotidiennement en ville. A la demande du général en chef, on joue tous les jours à midi, devant les hôpitaux, « différents airs qui inspirent de la gaîté aux malades et leur retracent les plus beaux moments des campagnes passées ».

Mais le manque de femmes européennes se fait cruellement sentir. Celles qui sont arrivées avec le corps expéditionnaire – parfois clandestinement, sous des déguisements masculins, comme Pauline Fourès – sont moins de trois cent cinquante. Recourir aux prostituées locales n'est pas sans risques. Elles-mêmes sont passibles de mort par noyade en cas de rapport avec les infidèles. Une sanction que les autorités françaises feront appliquer à leur tour au Caire, au moins une fois, pour des raisons sanitaires.

Reste la possibilité d'acheter une compagne locale. Les déceptions ne manquent pas, à en croire le correcteur d'imprimerie Antoine Galland : « Les Égyptiennes sont ardentes et libidineuses ; mais elles ne connaissent pas tous ces jolis petits riens, ces préludes enchanteurs qui répandent tant de charmes et multiplient les jouissances entre deux amants ; tout cela n'est que fadaise à leurs yeux, et il faut aller tout de suite au but. Accoutumées à regarder l'homme comme leur maître, dirai-je comme un être supérieur, elles opposent rarement de résistance dans un tête-à-tête. »

L'acclimatation à l'Égypte se fait peu à peu. Plusieurs savants et artistes adoptent le café à la turque et fument le narguilé. Ils se laissent pousser barbe et moustache, ayant découvert, comme Geoffroy Saint-Hilaire, que « le menton nu est le signe de l'esclave ». Le zoologiste écrit à son collègue Cuvier, en juin 1799 : « Je vis ici fort paisiblement, m'occupant tour à tour d'histoire naturelle, de mes chevaux et de ma petite famille noire à laquelle j'ai momentanément transporté ma tendresse inutile à ma famille européenne. J'ai acheté pour deux cent cinquante francs un enfant de 11 ans que j'ai dressé à soigner mes collections et à empailler des animaux. Depuis, on m'a donné une vieille négresse très habile pour les soins du ménage. » Et, pour rassurer ses amis républicains de Paris : « L'esclavage est ici autre qu'en Amérique. C'est une véritable adoption. »

La présence française est plutôt appréciée par les habitants. Dans les zones contrôlées par l'armée, les villageois sont protégés contre les incursions des bédouins. Au Caire, les commerçants se félicitent de cette nouvelle clientèle, au pouvoir d'achat appréciable. Les Français emploient du personnel, qu'ils paient correctement. Mais on trouve mille raisons d'être agacé ou choqué par les mœurs de l'occupant. Des soldats braillards organisent des courses d'ânes en pleine ville. Les Françaises sortent dans la rue « le visage à découvert », conduisent ânes ou chevaux « en riant aux éclats, à gorge déployée, plaisantant avec les loueurs de monture et avec les voyous » (Gabarti). Plus grave encore : des femmes du pays commencent à les imiter.

La population est surtout révoltée par une série de mesures qu'elle ne comprend pas et juge discriminatoires ou scandaleuses. Certaines sont purement politiques, comme le port de la cocarde tricolore, imposé sans succès en septembre 1798. Les notables ne veulent pas entendre parler d'une écharpe bleu-blanc-rouge, qu'on leur offre comme un honneur. S'ils la portent pendant les séances du Divan, c'est pour l'enlever en sortant.

D'autres mesures sont décidées pour des raisons d'hygiène, comme le balayage obligatoire des rues deux fois par jour et le déblaiement des ordures. Il est interdit d'inhumer les morts à l'intérieur de la ville, et des contrôles sont effectués dans les maisons pour s'assurer que les dispositions contre la peste ont bien été prises. C'est, pour les musulmans, une violation inadmissible de la vie familiale.

Les mesures de sécurité sont encore plus mal accueillies, quand elles se traduisent par la destruction des portes des quartiers ou par le déménagement forcé des habitants proches de la Citadelle, où l'on veut exécuter des travaux de fortification. Mais ce sont surtout des dispositions économiques qui révoltent les Cairotes. N'a-t-on pas réquisitionné des chevaux, des chameaux et des mules pour les besoins de l'armée française ? N'a-t-on pas institué une taxe sur les immeubles ? Pour vérifier les droits d'enregistrement, les autorités peuvent ainsi examiner des documents de caractère privé, touchant aux successions ou aux fondations pieuses, relevant du droit musulman.

L'indignation est habilement exploitée par des agents ottomans. La fiction selon laquelle Bonaparte serait venu libérer l'Égypte du joug des mamelouks avec l'accord du sultan ne tient plus. Les Français, trop confiants dans leur mainmise militaire, ou incapables de bien comprendre ce qui se passe, vont le payer cher.

Le 21 octobre 1798, dans des prêches incendiaires, des oulémas de second rang appellent la population à se soulever contre les infidèles. A 6 heures du matin, aux cris de « Que Dieu fasse triompher l'islam ! », une foule armée de bâtons, de gourdins, de barres de fer et d'autres armes aussi rudimentaires s'attaque aux maisons européennes et chrétiennes. L'une des premières est celle de Caffarelli, située un peu à l'écart. Le général ne se trouve pas chez lui. Une petite résistance s'organise de la part des militaires, savants et domestiques présents. Le chef des ingénieurs-géographes, Testevuide, qui tente une sortie, est massacré. A leur tour, deux ingénieurs des Ponts et Chaussées, Duval et Thévenot, sont tués lorsque la maison est envahie. Une foule déchaînée détruit les nombreux instruments scientifiques qui s'y trouvent, ainsi que de précieux mémoires.

Savants et artistes organisent tant bien que mal la défense de l'Institut, à deux kilomètres du quartier général. « Nous n'étions point armés, raconte Jollois. La révolte faisait des progrès effrayants, et nous restâmes sur le qui-vive jusqu'au soir. Les cris partis du haut des minarets, et qui appelaient le peuple plutôt à la révolte qu'à la prière, jetaient dans nos âmes un effroi que je ne puis rendre. » Le quartier général réussit à faire parvenir aux assiégés une quarantaine de fusils. « Tous les savants se mirent sous les armes, précise Vivant Denon avec ironie. On nomma des chefs ; chacun avait son plan, mais personne ne croyait devoir obéir. » Monge – toujours lui – prend la direction des opérations, tandis que plusieurs de ses collègues démolissent une terrasse pour pouvoir se servir des pierres contre les assaillants… La nuit se passe dans l'angoisse, mais la guerre de l'Institut n'aura pas lieu.

Le lendemain, 22 octobre, Bonaparte fait donner le canon contre les insurgés qui se sont regroupés et ont construit des barricades. Les soldats français passent toute la nuit à réoccuper le centre-ville, sans faire de détail, puis pénètrent dans la mosquée d'El-Azhar avec leurs chevaux. Ils détruisent tout ce qui leur tombe sous la main, souillent les lieux d'urine et d'excréments. Ils boivent de l'alcool et brisent leurs bouteilles sur les murs. L'orientaliste Marcel se précipite sur place et réussit à sauver quelques manuscrits précieux, ainsi qu'un Coran écrit sur une peau de chameau.

L'insurrection a fait trois cents morts du côté français, mais probablement dix fois plus chez les Égyptiens. Parmi les victimes, les chirurgiens Mangin et Russel, ainsi que le général Sulkowski, membre de l'Institut, auquel quatre vers rendront hommage :

> Il fut savant sans le connaître ;
> Dans toutes les sciences, il obtint des succès ;
> Si dans l'art des combats il fit plus de progrès,
> C'est qu'il choisit un meilleur maître.

Durant les jours suivants, la répression est sans pitié. On décapite les meneurs présumés et on jette leurs corps dans le Nil. Prudemment, des habitants croient bon d'épingler la cocarde tricolore sur leur poitrine ou dans leur chevelure, mais on les juge indignes de la porter… Si Bonaparte a perdu quelques illusions, il continue à vouloir jouer l'entente avec le peuple égyptien, en se servant des notables comme intermédiaires. Des responsables religieux et des chefs de corporation lancent des appels au calme et s'engagent à faire respecter l'ordre. *Le Courrier de l'Égypte* souligne que la majorité de la population n'a pas pris part à la révolte et qu'il n'y a donc pas lieu de « sévir en masse ».

Curieusement, ce sont des savants et artistes qui se montrent le plus critiques à l'égard de cette mansuétude bien relative. Pourquoi cajoler de vieux cheikhs dont on sait qu'ils ont encouragé, sinon dirigé, les insurgés ? L'ingénieur Gratien Le Père le dit avec des circonlocutions : « Il ne m'appartient pas de parler de la modération que le général en chef a montrée à l'égard d'un peuple grossier, ignorant, superstitieux et cruel, mais je conçois qu'il est des circonstances où une armée victorieuse et qui doit obéir aveuglément à son général n'obéisse qu'en rongeant son frein. » Vivant Denon l'exprime de manière plus directe dans une lettre au général Menou, resté à Rosette : « Le 1er brumaire a un peu déchiré le voile philanthropique répandu sur l'Égypte ; je crois qu'il faudra tout uniment être les plus forts ; d'ailleurs c'est un principe de l'Alcoran ; la catholicité est trop mielleuse et ils s'obstinent à nous croire comme tels… » Fourier, lui, a cru devoir exposer ses vues à Bonaparte, qui l'a remis à sa place de manière cinglante : « Il est venu me dire ce que j'avais à faire, raconte le général en chef à Desgenettes. Vous vous figurez bien de quelle manière je l'ai écouté ! Je lui ai d'abord signifié que l'affaire était terminée, que les mesures de rigueur qu'il me proposait n'étaient pas plus politiques qu'humaines, que les poltrons donnaient toujours de ces avis extrêmes, qu'on ne jugeait pas les insurrections pour y avoir coopéré dans les boues de Paris… »

Il n'est pas question en tout cas de se laisser surprendre par un nouveau soulèvement. Bonaparte ordonne le regroupement des Français du Caire dans le même quartier. Des habitants égyptiens de l'Ezbékieh sont invités à quitter les lieux. Des forts, dont celui de l'Institut, poussent en divers endroits de la ville.

Le 21 décembre, dans une proclamation solennelle, le général en chef allie profession de force et profession de foi. S'adressant aux oulémas, il leur dit : « Informez vos gens et vos communautés que quiconque s'élève contre moi et s'oppose à moi se lance dans une révolte qui n'est qu'égarement et perversion de l'esprit… Faites savoir à votre peuple que Dieu a décrété de toute éternité l'anéantissement des ennemis de l'islam et la destruction des croix par mes propres mains… Le jour et l'heure viendront où se manifestera à vous de manière visible que tout ce que j'ai fait ou déclaré n'est que l'irréfutable jugement de Dieu… »

L'ordre règne de nouveau. A l'approche de ce Noël 1798, Bonaparte va pouvoir quitter Le Caire pour donner corps à un vieux rêve : le percement de l'isthme de Suez.

4

D'une mer à l'autre

A Bonaparte le Directoire a confié une mission précise : il « s'emparera de l'Égypte ; chassera les Anglais de toutes les possessions de l'Orient où il pourra arriver ; et notamment détruira tous leurs comptoirs sur la mer Rouge ; fera couper l'isthme de Suez et prendra toutes les mesures nécessaires pour assurer la libre et exclusive possession de la mer Rouge à la République française ».

Six petits mots, glissés dans cet arrêté du 12 avril 1798, représentent à eux seuls une montagne. « Faire couper l'isthme de Suez » suppose de percer la langue de terre désertique, large de 160 kilomètres, qui sépare la mer Rouge de la Méditerranée. Cela veut dire, tout simplement, changer la carte du monde ! Un projet à la mesure d'un général de 29 ans appelé Napoléon Bonaparte…

Un rêve ? Pas seulement. Les deux mers ont déjà été reliées à plusieurs reprises au cours de l'Histoire : du temps des pharaons, d'abord ; puis, sous les Perses et les Ptolémées ; enfin, au début de la conquête arabe. Mais, à toutes ces époques, il ne s'agissait que d'un parcours indirect. La mer Rouge était raccordée au Nil par un ou plusieurs canaux, et c'était une branche du fleuve qui faisait le lien avec la Méditerranée. Ces anciennes voies d'eau n'avaient pas pour vocation d'accueillir des navires de haute mer ; elles ne constituaient pas réellement une jonction internationale, mais un moyen de relier la vallée du Nil à la mer Rouge pour faciliter l'expédition des produits égyptiens dans le golfe Arabique. Le « canal des Pharaons », appelé par la suite « fleuve de Trajan » et finalement baptisé « canal du Prince des fidèles » par les Arabes, devait être comblé en 762 et cesser définitivement de servir, pour priver de ressources la ville de Médine qui s'était révoltée contre le calife.

Mêmc sans canal, la route des Indes a continué à transiter par le désert de Suez. La marchandise arrivait par la mer Rouge. On la chargeait à dos de chameau jusqu'au Caire et, de là, elle était transportée par bateau jusqu'à la Méditerranée, en descendant le Nil. Tout a changé lorsque Vasco de Gama a découvert le cap de Bonne-Espérance, en 1497. C'était la ruine pour les Égyptiens, comme pour les négociants vénitiens, car le commerce a préféré alors contourner l'Afrique. Si la nouvelle route était bien plus longue que l'autre, elle présentait deux avantages considérables : ne plus avoir à transborder de marchandises ; et ne plus devoir affronter les musulmans, hostiles à une navigation des chrétiens à proximité de La Mecque.

Comment lutter contre la route de Bonne-Espérance ? En 1586, le grand amiral de Turquie El-Euldj Ali propose de faire communiquer le Nil avec la mer Rouge. Des Vénitiens plaident, à la même époque, pour un canal, précisant qu'il faudrait construire « deux forteresses à ses deux embouchures de manière que d'autres n'y puissent pas entrer ». En 1672, le philosophe allemand Leibniz suggère à Louis XIV de s'emparer de l'Égypte, « terre sanctifiée, lien de l'Asie et de l'Afrique, digue interposée entre la mer Rouge et la Méditerranée, grenier de l'Orient, entrepôt des trésors de l'Europe et de l'Inde ». Le Roi-Soleil ne lui répond pas, mais son ministre Colbert fonde la Compagnie des Indes et tente de convaincre le sultan que le retour du commerce par la mer Rouge permettrait à la Sublime Porte de recouvrer d'importants droits de douane. Par la suite, nombre d'hommes politiques, de négociants, de voyageurs et d'écrivains – de Montesquieu à Voltaire – plaideront pour une liaison entre les deux mers. Le dernier en date est Volney, dont le *Voyage en Égypte et en Syrie,* publié en 1787, marque fortement les esprits. Mais personne n'a eu l'occasion d'étudier le projet. Bonaparte, maître de l'Égypte, peut le faire. Le percement de l'isthme permettrait, selon les termes du Directoire, de mettre fin à « l'infâme trahison à l'aide de laquelle l'Angleterre s'est rendue maîtresse du cap de Bonne-Espérance, ayant rendu l'accès des Indes très difficile aux vaisseaux de la République ».

Bonaparte chez Moïse

En novembre 1798, le général Bon, accompagné de douze cents hommes, emprunte le chemin des caravanes et franchit le désert qui sépare Le Caire de Suez. Cette misérable bourgade, posée au bord de la mer Rouge, ne compte pas plus d'une trentaine de maisons. Privée d'eau potable, elle est dénuée de toute industrie. Ses quais sont en si mauvais état que même les chaloupes ne peuvent y aborder à marée basse : il faut recourir aux allèges pour débarquer au large ou en rade. Suez a pourtant une position stratégique précieuse. C'est de là que partent les pèlerins pour La Mecque et les exportations de l'Égypte pour l'Asie : riz, safran, lin ou natron. Là aussi qu'arrivent le café du Yémen, les épices et les mousselines des Indes, les parfums, les perles et la gomme d'Arabie. Le commerce est entre les mains de Grecs, qui possèdent une trentaine de *zaïmes*, des bateaux à voile d'une lenteur extrême, faits d'écorce de dattier. La mer Rouge est d'une navigation difficile. Étroite, soumise à des vents mal orientés, elle compte des bancs de corail qui obligent les navires à louvoyer entre ses côtes en changeant d'amure toutes les deux ou trois heures.

Le général Bon s'empare de Suez sans un coup de feu. Quatre chaloupes, qui ont été transportées en pièces détachées à dos de chameau, sont remontées sur place et équipées de canons. Le drapeau tricolore flotte sur le port. La voie est libre pour Bonaparte.

Le général en chef de l'armée d'Orient quitte Le Caire à son tour le 24 décembre, entouré d'une escorte de trois cents guides et soldats. Le but de son voyage est à la fois politique et scientifique. Il s'agit de contrôler les bédouins du Sinaï et de développer les liens avec les puissances riveraines de la mer Rouge, mais aussi d'étudier le terrain en vue du percement de l'isthme de Suez.

Beaucoup de savants ou artistes veulent être du voyage. Bonaparte choisit Monge et Berthollet, bien sûr, ainsi que Jacques-Marie Le Père, ingénieur en chef des Ponts et Chaussées, le géomètre Costaz, le chimiste Descotils et le dessinateur Dutertre. Du côté des généraux, il y aura Berthier, Dommartin et Caffarelli. Les membres de l'escorte, à pied ou à cheval, sont accompagnés d'un canon, tandis que les chameaux transportent de l'eau et dix jours de vivres. Des négociants du Caire, ayant des affaires à régler à Suez, se joignent à la caravane : ils n'ont jamais voyagé de manière aussi sûre. Pour la première fois, une berline attelée de six chevaux

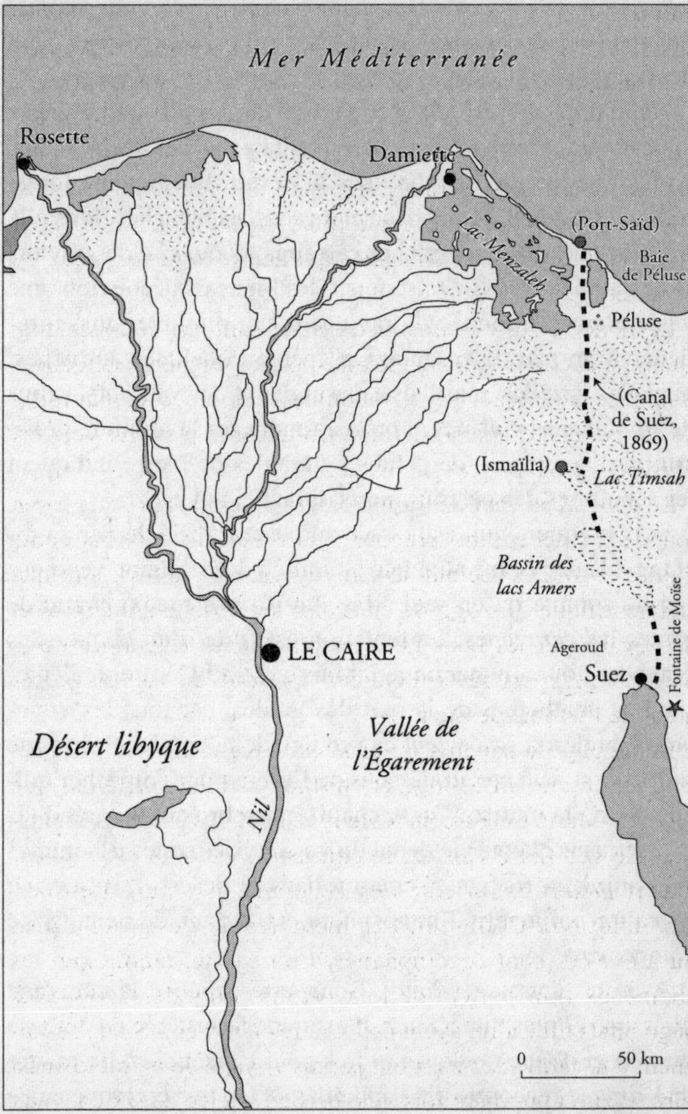
Mer Méditerranée
Rosette
Damiette
(Port-Saïd)
Lac Menzaleh
Baie de Péluse
Péluse
(Canal de Suez, 1869)
(Ismaïlia)
Lac Timsah
Bassin des lacs Amers
Fontaine de Moïse
Ageroud
Suez
LE CAIRE
Désert libyque
Vallée de l'Égarement
Nil
0
50 km

traverse le désert, mais Bonaparte, à qui ce véhicule est destiné, ne l'occupera pas une seule fois : il préfère galoper seul, devançant parfois tout le monde, libre de ses mouvements.

Nulle trace de végétation dans cette succession de paysages majestueux : rien que des sables brillants et des rochers nus. Après une longue marche dans le désert, la caravane longe pendant trois heures un chapelet de collines blanches. Puis elle franchit une chaîne de roches calcaires recouverte de graviers et de cailloux roulés. Du sommet, les Français découvrent une vaste plaine, sillonnée de ravines d'eau pluviale, qui entretiennent un peu de verdure. On aperçoit quelques autruches, quelques gazelles, mais aussi des aigles et des vautours, venus des montagnes voisines et prêts à fondre sur la moindre proie. Au bord des pistes, de petites pyramides de pierre indiquent les sépultures des pèlerins morts durant le voyage.

Si la première nuit est passée au poste fortifié de Birket-el-Haggy, la deuxième aura lieu au milieu d'une plaine venteuse qui ne compte qu'un seul arbre, un if majestueux, connu de toutes les caravanes. La tentation est forte d'en couper des branches pour allumer un feu. Mais ce serait s'attirer malédictions et anathèmes de la part des guides, car tous les voyageurs du désert respectent ce prodige de la nature. Bonaparte fait dresser sa tente au-dessous de l'arbre pour empêcher quiconque de le mutiler. On se chauffera en brûlant un grand tas d'ossements : depuis le début du voyage, des restes d'hommes et d'animaux tracent le chemin dans le désert. Las ! ce feu macabre empuantit l'atmosphère, et il faut déménager le campement…

Avec les autres généraux, Bonaparte devance la caravane pour arriver plus vite à Suez. Il examine le système de défense du port et donne quelques ordres pour l'améliorer. Le maître de l'Égypte rencontre des capitaines de navires en provenance du Hedjaz ou du Yémen, qu'il assure des bons sentiments de la République et auxquels il annonce une baisse des droits de douane perçus sur les cafés. Divers contacts sont pris également avec des bédouins, dont il veut s'assurer la neutralité. Ces démarches politiques terminées, le général en chef et sa suite se dirigent à cheval vers des sources d'eau saumâtre, appelées « Fontaine de Moïse ». Ils y seront rejoints par les savants, arrivés par la mer à bord d'une canonnière.

On franchit le bras de mer guéable à marée basse. La reconnaissance des lieux, commencée de très bon matin, dure jusqu'à la tombée de la nuit. Ces sources présentent à la surface du désert de petits monticules de forme conique. L'eau qui sourd des bouches s'écoule à la surface par des rigoles naturelles, se répand sur la plage et y entretient une végétation d'arbustes et de palmiers. « La Fontaine de Moïse présente un phénomène remarquable d'hydrostatique », expliquera Monge, quelques mois plus tard, dans un mémoire à l'Institut d'Égypte.

A 9 heures du soir, alors que les savants sont repartis par la mer, les chasseurs d'avant-garde se mettent à crier : leurs chevaux s'enfoncent dans le sol. La marée est en train de monter. « On appela les guides, racontera Napoléon dans les Mémoires de Sainte-Hélène. Les soldats s'étaient amusés à les griser avec de l'eau-de-vie, et il fut impossible d'en tirer aucun renseignement. » Quant aux chasseurs, ils ont confondu le fanal de la canonnière avec les lumières de Suez... A 22 heures, dans cette nuit sans lune, la situation est critique : les chevaux ont de l'eau jusqu'au ventre. « Serions-nous venus ici pour périr comme Pharaon ? » s'exclame Bonaparte, qui, même les pieds humides, trouve le moyen de lancer une nouvelle phrase historique.

Heureusement, des soldats ont découvert un passage. On les rejoint rapidement. Mais le général Caffarelli, encombré par sa jambe de bois, ne parvient pas à se dégager. Un jeune maréchal des logis vole alors à son secours : il sera promu brigadier et recevra un sabre portant la mention « Passage de la mer Rouge »… Tout le monde est sauf. Les pertes se limitent à quelques carabines et quelques manteaux, précise Napoléon. « Caffarelli en fut quitte pour sa jambe de bois ; ce qui lui arrivait du reste toutes les semaines. »

Le lendemain, laissant le gros de la caravane se diriger vers Ageroud, le vainqueur des Pyramides, accompagné des autres généraux et de Gaspard Monge, part vers le nord, à la recherche du canal qui, dans l'Antiquité, reliait Suez au Nil. Selon le récit officiel, c'est lui-même qui, le premier, reconnaît les traces de cette voie d'eau, définitivement abandonnée au VIIIe siècle. La troupe s'engage dans le lit de l'ancien canal, où se trouvent des restes de maçonnerie. Elle y parcourt près de quatre lieues, jusqu'au petit lac Amer.

Plusieurs heures sont passées. On s'est éloigné d'Ageroud et le soleil commence à se coucher. Le chemin à suivre donne lieu à des discussions. Va-t-on s'égarer dans le désert après avoir failli se noyer la veille à la Fontaine de Moïse ? Bonaparte et le général Berthier, accompagnés chacun d'un homme, prennent les devants et galopent en direction du couchant. Arrivés à Ageroud, ils font tirer des coups de canon tous les quarts d'heure. On allume un feu sur le minaret de la mosquée et des fanaux sur la route qu'on vient d'emprunter. Heureusement, le citoyen Monge arrivera à bon port avec ses accompagnateurs, ajoutant une aventure à son séjour en Égypte…

Une erreur de 10 mètres

De retour au Caire, Bonaparte charge Jacques-Marie Le Père d'étudier le percement de l'isthme de Suez. L'ingénieur en chef des Ponts et Chaussées retournera sur place dès le 16 janvier, en compagnie de plusieurs collaborateurs : le géographe Coraboeuf, l'astronome Nouet et son propre frère, Gratien Le Père, également ingénieur.

L'équipe de Le Père dispose d'une escorte de quarante hommes de la Légion maltaise et de douze sapeurs. Après avoir établi la position exacte de Suez et observé les marées, elle commence le nivellement de l'isthme, c'est-à-dire la mesure des différentes altitudes du terrain. Elle prend pour base un plan horizontal passant à 150 pieds au-dessus du niveau de la pleine mer de Suez, le 24 janvier 1799, considérant cette marée comme le maximum d'élévation de la mer Rouge. Ce niveau est rapporté au plan d'une tablette fixée sur le portail nord de la maison de la marine à Suez. Tous les autres repères de niveau se baseront sur ce point.

Les instruments de topographie dont la Commission aurait aimé disposer (comme les niveaux à bulle d'air et à lunette) ont été perdus dans le naufrage du *Patriote*, six mois plus tôt, ou dans la pillage de la maison de Caffarelli lors de l'insurrection du Caire. Les ateliers de Conté n'ont pas les moyens de réaliser des outils de même qualité. Les ingénieurs se servent notamment d'un niveau à deux lunettes croisées en sens contraire. Inconvénient parmi d'autres : leurs chaînes d'arpenteur sont graduées en mètres alors que leurs mires sont divisées en pieds et en pouces. Ils sont gênés par des phénomènes d'optique dus à la réverbération et aux infiltrations de sable dans leurs instruments.

Les Français opèrent dans le lit de l'ancien canal, puis en perdent les traces. Ils débouchent dans une vallée desséchée qu'ils soupçonnent être le bassin des lacs Amers. N'y subsiste qu'une cuvette remplie d'eau très salée. Les ingénieurs ont beaucoup de mal à la franchir en raison des boues molles qui s'étendent sur ses bords. Ils sont obligés de construire une sorte de pont avec des branchages et leurs outres vides, pour permettre aux bêtes de passer, après avoir porté à bras la charge des chameaux. Le canal est retrouvé plus au nord, mais il faut rebrousser chemin en vitesse car la réserve d'eau est épuisée. Et l'on se retrouve alors face à des cavaliers bédouins qu'un mirage fait apparaître beaucoup plus nombreux qu'ils ne le sont en réalité, mais qui, après un moment d'hésitation, passent leur chemin... Au cours de cette première campagne, 46 kilomètres ont pu être étudiés, avec l'établissement de 63 « stations ».

Les événements militaires – Bonaparte a entrepris la conquête de la Syrie – empêchent les ingénieurs de repartir sur les lieux avant le mois de septembre. Cette fois, Le Père et ses collaborateurs sont escortés d'un bataillon de la 85e demi-brigade, qui doit les protéger d'une éventuelle attaque de bédouins. Des jalons posés sept mois plus tôt ont disparu. La station numéro 63 est finalement retrouvée. L'équipe pousse ses travaux jusqu'au lac Timsah. Mais l'insécurité, la chaleur et le manque d'eau l'obligent à interrompre son travail au bout de 51 kilomètres. Les Français reviennent épuisés à Suez, après une marche accélérée dans le désert.

La troisième opération, à la mi-novembre, réunit sept ingénieurs, répartis en deux brigades. La première, conduite par Le Père et escortée de cent trente hommes, avance aussi vite que possible jusqu'à la Méditerranée. La seconde est chargée de calculer la pente du Nil, à partir du Caire. A peine Le Père et ses compagnons ont-ils parcouru 20 kilomètres qu'ils sont rejoints par un détachement de dragons, leur ordonnant de se replier sur Bilbeis pour raisons de sécurité. Les opérations reprendront huit jours plus tard. Égarés par leur guide, les ingénieurs doivent suspendre leur travail et se diriger vers le puits de Doueydar pour se ravitailler en eau. Ils pourront quand même arriver à Péluse (le futur Port-Saïd), sur la Méditerranée…

Le nivellement de l'isthme est terminé à la fin de cette année 1799. Contrairement à l'usage, aucune vérification ne pourra en être faite sur la plus grande partie du territoire étudié, en raison de la situation militaire. Les ingénieurs français n'ont pas de chance. Même les éléments naturels jouent contre eux : une crue exceptionnellement forte provoque des inondations et les empêche de reprendre certaines opérations.

Le Père publie son rapport le 6 décembre 1800. Il présentera ses conclusions définitives, deux ans et demi plus tard, dans un *Mémoire au Premier Consul*. Selon lui, l'établissement d'une liaison entre la mer Rouge et la Méditerranée ne devrait présenter aucune difficulté majeure. Les pharaons, dit-il, avaient pu la réaliser, car, de leur temps, l'isthme de Suez n'avait pas la même configuration qu'aujourd'hui : cette région désertique recevait alors beaucoup plus d'eau, aussi bien du Nil que de la Méditerranée et de la mer Rouge. Cette dernière pénétrait jusqu'aux lacs Amers. Mais la science hydraulique moderne, ajoute l'ingénieur, permet désormais de faire face aux variations des marées et aux crues du Nil.

Selon lui, la navigation sur la mer Rouge est moins dangereuse que ne l'affirment de mauvais marins. Rien n'interdit d'améliorer le port de Suez et d'approfondir son chenal jusqu'à la rade. En revanche, de l'autre côté, sur la Méditerranée, à la hauteur de l'ancienne Péluse, les difficultés de créer un port sont réelles. Le Père ne prévoit pas de faire déboucher une voie d'eau sur cette partie de la côte, théâtre de fréquents naufrages, mais à Alexandrie.

Son canal, affirme-t-il, ne demandera que cinq années de travail, et peut-être moins. Il ne coûtera pas plus de 30 millions de francs. Ce sera, comme dans l'Antiquité, une liaison indirecte entre les deux mers. Elle comportera trois parties. La première partira de Suez, traversera les lacs Amers et débouchera dans le Nil. Compte tenu de la crue du fleuve, ce canal à écluses ne pourra fonctionner que sept ou huit mois de l'année, entre août et mars, « durée bien suffisante pour les besoins du commerce, quelles que puissent être son importance et son activité ». La deuxième partie empruntera le Nil, vers le nord, tandis que la troisième sera l'ancien canal d'Alexandrie, qu'il faudra rétablir. Et on arrivera ainsi jusqu'à la Méditerranée.

L'ingénieur de Bonaparte souligne cependant – et là, il se montre visionnaire – que, malgré les difficultés de créer un port à la hauteur de Péluse, on pourrait concevoir un deuxième canal, direct, reliant les deux mers sans emprunter le Nil. C'est un vœu, pas un projet. Cette voie d'eau maritime, destinée au commerce international, aurait l'avantage de ne pas être assujettie aux crues et serait navigable toute l'année. Les courants lui éviteraient l'ensablement. Ce serait, comme l'autre, un canal à écluses.

Avec ses collaborateurs, Le Père a calculé en effet que la mer Rouge est plus haute que la Méditerranée d'une dizaine de mètres (9,918 mètres exactement) : percer l'isthme de Suez sans écluses conduirait donc à noyer une partie de l'Égypte, ou – si le canal devait déboucher dans le Nil – perturber profondément le cours du fleuve. En affirmant que les deux mers ne sont pas au même niveau, l'ingénieur en chef des Ponts et

Chaussées avalise une thèse qui avait déjà cours dans l'Antiquité. Il explique cette différence par plusieurs raisons : la quantité de sel inégale contenue dans les deux mers ; les vents et les courants ; les évaporations dépendant des climats ; le déversement des fleuves ; « les forces d'attraction et de chaleur combinées du soleil et de la lune, si puissantes dans le phénomène des marées »...

C'est très savant, mais c'est faux. Laplace n'est pas d'accord avec Le Père. Fourier, membre de l'Institut d'Égypte, non plus : une loi élémentaire de la physique veut que toutes les mers soient au même niveau. Cependant, par une sorte de solidarité sentimentale, les autres anciens d'Égypte soutiendront *mordicus* l'ingénieur de Bonaparte. La différence de 9,918 mètres aura la force d'un théorème pendant des décennies.

Un canal direct, sans écluses

La controverse est relancée en 1847, quand le Français Paul Adrien Bourdalouë, auteur d'un nouveau nivellement, conclut à une égalité du niveau des deux mers. Cette fois, l'opération a été entreprise avec les meilleurs outils, sous la protection du vice-roi d'Égypte. Les ingénieurs conduits par Bourdalouë ont pris soin de ne pas travailler aux heures les plus chaudes pour que leur vue ne soit pas altérée par la réverbération. Et ils ont effectué toutes les vérifications nécessaires.

Les résultats de cette étude font bondir plus d'un ancien d'Égypte. Peut-on imaginer « une erreur de dix mètres commise sous les yeux de l'armée, de Napoléon et du monde » ? Ne jette-t-on pas le discrédit sur l'Expédition, l'École polytechnique et les Ponts et Chaussées ? L'ingénieur Favier défend Le Père dans un mémoire qu'il présente à l'Académie des sciences, puis publie un article dans le même sens, avec l'appui de Villiers du Terrage... De nouveaux nivellements de l'isthme confirmeront pourtant, de manière irréfutable, l'égalité du niveau des deux mers.

Jacques-Marie Le Père et ses collaborateurs se sont trompés. Les conditions dans lesquelles leur travail a été réalisé l'expliquent en grande partie, et les excusent. Ils n'en ont pas moins été des pionniers, établissant la première étude d'ingénieurs sur le canal de Suez. Un canal que Bonaparte aurait bien aimé signer de son nom si l'Histoire lui en avait laissé le temps. « La chose est grande, dira-t-il en recevant ce rapport. Ce ne sera pas moi qui, maintenant, pourrai l'accomplir, mais le gouvernement turc trouvera peut-être un jour sa gloire dans l'exécution de ce projet. »

Une trentaine d'années plus tard, en 1832, un jeune diplomate français, Ferdinand de Lesseps, arrivé en Égypte pour y occuper le poste de vice-consul, est contraint de séjourner au lazaret d'Alexandrie, comme l'exige le règlement sanitaire. Il tue le temps en parcourant les livres que son supérieur lui a fournis. Le mémoire de Le Père attire son attention. Il s'y plonge. L'hypothèse d'un canal reliant les deux mers le fascine. Cette idée ne le quittera plus.

Devenu consul, Ferdinand de Lesseps voit débarquer en 1833 une bande d'individus bizarrement accoutrés, qui ont choisi l'Égypte pour réaliser « le mariage de l'Orient et de l'Occident ». Pas si fous que ça, les saint-simoniens comptent plusieurs ingénieurs. Ils rêvent, eux aussi, de percer l'isthme de Suez. Si leur chef, Prosper Enfantin, se fait appeler « le Père », ce n'est pas en hommage à l'ingénieur de Bonaparte, mais parce qu'il doit rencontrer en Égypte « la Mère », et que de leur union devra naître « l'association universelle des peuples »... Rencontre manquée.

De retour à Paris, après avoir accumulé les déceptions en Égypte, Enfantin crée en 1846 la Société d'études pour le canal de Suez. Les nouveaux nivellements de l'isthme, démontrant de manière indiscutable que les deux mers sont au même niveau, n'empêcheront pas Enfantin et ses amis de proposer un projet compliqué de canal indirect, enjambant le Nil, avec un pont d'un kilomètre de longueur et des écluses…

C'est Ferdinand de Lesseps, de retour au Caire en 1854, qui met un point final à ces tâtonnements. Son projet, simple et cohérent, accepté par le nouveau vice-roi d'Égypte, Saïd pacha, prévoit un canal direct de 160 kilomètres, sans écluses, entre Suez et Péluse. Avec cette liaison maritime, ouverte toute l'année, la route entre les principaux ports d'Europe et les Indes sera réduite de moitié. On table sur le développement de la marine à vapeur, qui n'en est encore qu'à ses débuts. Et on décide de faire appel aux capitaux privés, sans attendre l'aval des grandes puissances. Lesseps a tenu compte à ce propos d'une recommandation précieuse de Jean-Marie Le Père, l'ingénieur de Bonaparte : créer une compagnie de commerce, pour ne pas subir « l'inconstance des gouvernements »…

Le canal de Suez exigera dix années de travaux. On commencera par mobiliser des dizaines de milliers de paysans égyptiens, selon le vieux système de la corvée, pour creuser à la main. Puis on inventera des machines spéciales, aux longues cheminées fumantes dans le désert. L'inauguration du canal de Suez, en novembre 1869, sera un événement mondial, avec pour invitée d'honneur l'impératrice Eugénie, épouse d'un autre Napoléon.

5

Un chroniqueur chez les géants

A l'Institut d'Égypte, le 27 septembre 1798, le mathématicien Corancez présente « une nouvelle méthode pour réduire à de simples procédés analytiques la démonstration des principaux théorèmes de géométrie ». Quel rapport avec l'Égypte ? Ce travail aurait pu être fait aussi bien en France. A moins d'estimer que l'air du Nil serait particulièrement propice aux exercices intellectuels... D'autres mémoires tout aussi théoriques sont déposés sur le bureau de l'Institut, comme celui de Fourier sur les équations différentielles ou celui de Monge sur la géométrie infinitésimale. Mais, la plupart du temps, les savants de Bonaparte ne travaillent pas en chambre : ils saisissent toutes les occasions de se rendre sur le terrain, ce qui n'est pourtant guère facile dans cette Égypte en panne de « pacification », où mamelouks, bédouins et paysans continuent de harceler les forces françaises.

Une exploration scientifique est organisée ainsi, en janvier 1799, aux lacs de Natron, à quatorze heures de marche du Caire, sous la conduite du général Andréossy, membre de l'Institut. Berthollet, qui y participe avec Fourier, est particulièrement intéressé par cette vallée asséchée en plein désert, car c'est le seul endroit connu où l'on trouve du natron (carbonate de sodium) à l'état naturel. Ce produit, utilisé pour la fabrication du verre ou le blanchiment du lin, est une énigme chimique. Pourquoi donne-t-il lieu sur le terrain à une réaction inverse de celle que l'on connaît en laboratoire ?

Les chimistes ont établi en effet que le carbonate a plus d'affinité avec le calcium, tandis que le chlorure a plus d'affinité avec le sodium. Or, aux lacs de Natron, sel et calcaire se dissocient pour se recombiner autrement, donnant du chlorure de *calcium* et du carbonate de *sodium.* Berthollet tente de percer le mystère. Il se demande si l'humidité, la chaleur et la présence de vastes étendues crayeuses n'ont pas d'effets particuliers sur la réaction chimique, car le chlorure de sodium est drainé à travers le sol et la soude se fixe sur les rives et les plantes aquatiques.

De retour au Caire, le savant analyse ses échantillons et en arrive à une conclusion audacieuse : une réaction chimique est autant déterminée par les conditions dans lesquelles elle a lieu que par les espèces en présence. C'est une mise en question de la notion d'affinité. La chimie sort du laboratoire pour se rapprocher de la nature. La communication de Berthollet à l'Institut d'Égypte n'est qu'un avant-goût de son fameux *Essai de statique chimique*, qu'il présentera quelques années plus tard à Paris et qui fera date.

De telles excursions scientifico-militaires donnent l'occasion de sortir de sa discipline, de s'ouvrir l'esprit – et parfois le cœur. A la recherche d'animaux, le zoologiste Geoffroy Saint-Hilaire est stupéfié par les conditions de vie des fellahs. « Au total, les Égyptiens des campagnes sont misérables, à un point que l'on ne peut imaginer, écrit-il à l'un de ses correspondants. Croiriez-vous que le plus grand nombre des villages sont presque entièrement composés de huttes de terre qui n'ont pas trois pieds d'élévation; que l'ouverture par où ces malheureuses créatures pénètrent dans leur tanière est un trou circulaire d'un pied et demi de diamètre et que ce trou reste toujours ouvert; qu'il n'y a de superficie que de quoi coucher le mari, la femme et les enfants, tous rapprochés, et que, pour se glisser dans leur réduit, ils se mettent à plat ventre ? »

Les ânes et les savants

Dominique Vivant Denon, lui, ne tient pas en place. Ce quinquagénaire, qui a déjà parcouru l'Europe dans tous les sens, peut difficilement se contenter des jardins de l'Institut. Dès les premières semaines au Caire, il s'évade, ayant découvert les charmes du « fiacre des Égyptiens », le transport à dos d'âne. « Cette manière d'aller me paraissait si agréable, raconte-t-il dans son célèbre *Voyage dans la Basse et la Haute-Égypte*, que je passais ma vie sur les ânes : peu de temps après mon arrivée j'étais connu de tous ceux qui les louent; ils étaient au fait de mes habitudes, portaient mon portefeuille et ma chaise à dessiner, et me servaient d'écuyers tout le jour. »

Empruntant les ruelles étroites où deux baudets peuvent à peine se croiser, les poumons remplis de poussière et de parfums d'épices, Denon se laisse bercer par les déhanchements de sa monture pour se rendre jusqu'aux limites de la ville. Là, il peut dessiner l'aqueduc, les tombeaux des califes ou le canal qui amène l'eau du Nil au Caire à l'époque de l'inondation. Qui saurait résister au charme de ces après-midi tièdes, traversés d'un frisson quand le soleil se couche entre deux minarets ?

L'artiste brûle cependant de découvrir des horizons plus

lointains. « J'étais fort bien au Caire, remarque-t-il. Mais ce n'était pas pour être bien au Caire que j'étais sorti de Paris. » A la première occasion, il troque donc son âne pour un cheval et va rejoindre l'armée du général Desaix, chargée de poursuivre l'un des deux grands chefs mamelouks, Mourad bey, dans le Sud.

Fils de hobereaux bourguignons, Vivant Denon a déjà derrière lui une carrière époustouflante. Monté très jeune à Paris, ce garçon fin, cultivé, plein d'audace, s'est vite fait remarquer de la cour de Louis XV. « Les cheveux bouffants, l'œil vif et noir, le nez un peu retroussé, les narines friandes, il avait alors l'air de sortir d'une fête de Watteau », écrira Anatole France. Denon se fait nommer gentilhomme d'ambassade à Saint-Pétersbourg, avant d'en être expulsé par Catherine II pour avoir favorisé l'évasion d'une comédienne française accusée d'espionnage. Il se retrouve diplomate à Stockholm, puis dans les cantons suisses. Il rencontre Voltaire, qui le fascine, et lui consacre un dessin cruel, « Le déjeuner de Ferney », qui indigne le modèle mais rend l'auteur célèbre.

Denon poursuit sa carrière diplomatique à Naples et à Venise. Loin de le faire fuir, la Révolution française l'attire à Paris. Il traverse les différents régimes, jusqu'au Directoire. Connaissant tout le monde, tâtant de toutes les formes d'écriture, du théâtre au conte libertin, en passant par le récit de voyage, il s'adapte à toutes les modes, quand il ne les devance pas... C'est grâce à ses relations – et particulièrement à Joséphine de Beauharnais – qu'il réussit à se glisser dans la Commission des sciences et des arts de l'Expédition d'Égypte.

Denon galope donc à la rencontre de l'armée de Desaix. Son journal de voyage n'indique pas la date précise de ce départ, qu'il romance un peu, comme tout le reste. Les Français ont déjà battu les mamelouks à la bataille de Sediman,

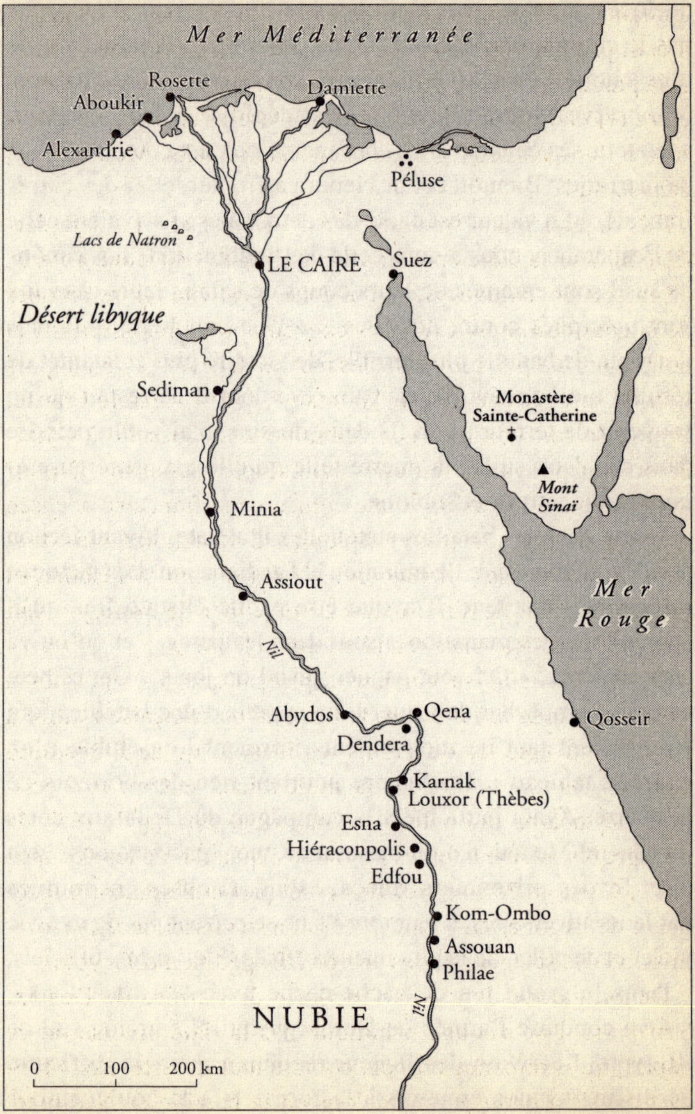
Mer Méditerranée
Rosette
Damiette
Aboukir
Alexandrie
Péluse
Lacs de Natron
LE CAIRE
Suez
Désert libyque
Sediman
Monastère
Sainte-Catherine
Mont
Sinaï
Minia
Assiout
Mer
Rouge
Nil
Abydos
Qena
Qosseir
Dendera
Karnak
Louxor (Thèbes)
Esna
Hiéraconpolis
Edfou
Kom-Ombo
Assouan
Philae
Nil
NUBIE
0
100
200 km

quelques semaines plus tôt (7 octobre 1798), ce qui n'empêche pas le chroniqueur d'en faire une description détaillée, et de dire « nous » en s'assimilant aux combattants. A la lunette, on observe Mourad bey, qui s'est déployé sur une hauteur, avec tous ses cavaliers. Le chef mamelouk est couvert d'or et de pierreries. Bientôt, cet or viendra affronter le fer des carrés français. « La valeur est égale des deux côtés ; ils avaient celle de l'espérance, nous avions celle de l'indignation ; nos canons de fusil sont entamés de leurs coups de sabre ; leurs chevaux sont précipités contre nos files… » Une boucherie. « Jamais il n'y eut de bataille plus terrible, de victoire plus éclatante, de résultat moins prévu ; c'était un rêve dont il ne restait qu'un souvenir de terreur : j'en fis deux dessins. J'ai voulu peindre dans ces deux sujets la guerre telle qu'elle est, généreuse et implacable, atroce et sublime. »

Même dans les batailles auxquelles il assiste, Vivant Denon oscille toujours entre l'admiration et l'indignation. Les victoires françaises l'exaltent. Il avoue être excité chaque fois qu'il apprend que les mamelouks sont dans les parages et qu'on va les combattre. « On veut gagner quand on joue. » Cet esthète ne peut s'empêcher de vanter les « apprêts d'une bataille » qui « présentent tant de mouvements, forment l'ensemble d'un si grand tableau ». Il n'ignore pourtant rien des horreurs de la guerre. Ayant participé à la campagne du Delta aux côtés du général Menou, il a pu mesurer ce que « pacification » veut dire. Si des prisonniers français sont affreusement mutilés par leurs adversaires, à leur tour ils ne se privent pas de tuer, de violer et de piller, de la pire manière, malgré les ordres officiels.

Dans le grand jeu de cache-cache avec les mamelouks, qui va conduire l'armée de Desaix jusqu'à l'extrême sud de l'Égypte, l'écrivain-dessinateur reconnaît que « la difficulté de distinguer nos ennemis à la forme et à la couleur nous faisait tuer tous les jours d'innocents paysans ». De son propre aveu, il préfère arriver avec un peu de retard dans les villages conquis « pour ne pas entendre les cris des habitants que l'on était forcé de dépouiller ». Et il finit par se demander – terrible constat ! – si, aux yeux des Égyptiens, les Français n'ont pas simplement remplacé les mamelouks…

Beaucoup plus jeune que Denon, Édouard de Villiers du Terrage, qui accompagne une autre unité militaire au cours de cette période, note dans son journal des scènes qui l'ont révulsé. Non loin de Suez, les éclaireurs du détachement de « dromadaires » capturent une famille bédouine. « Le général Boyer fit venir les deux hommes pour les interroger, pensant que ce pouvait bien être des vedettes ou des espions de l'armée ennemie. Pendant qu'il les questionnait en les criblant de coups de cravache, les vingt-cinq soldats firent subir à la pauvre femme les traitements les plus ignobles, sans que le général Boyer parût y faire attention. » Le fils est tué à bout portant par un soldat, qui se précipite ensuite pour le dépouiller. Peu après, le père subit le même sort. « Vers la fin de la journée, raconte le jeune ingénieur, nous rencontrâmes un troupeau de moutons conduit par une petite fille de 9 ou 10 ans. On tua et prit des moutons tout ce que l'on put emporter. La petite fille elle-même fut mise sur un chameau et ramenée à Suez où elle devint la proie de l'état-major du général. Elle a fini, m'a-t-on dit, par être vendue à un capitaine marchand d'Yambo. »

Il n'est parfois pas nécessaire de quitter Le Caire pour mesurer la brutalité de certains hommes en armes. Accompagné de ses sbires, Barthélemy le Grec, que les Français ont recruté sur place pour s'occuper des basses besognes de police, sème la terreur dans les rues de la capitale. Un jour, il se fait annoncer chez le général Dupuy, qui donne un brillant déjeuner, en présence de plusieurs savants et artistes. Barthélemy arrive, un sac à la main, et fait rouler dans la pièce quelques têtes encore saignantes. Les convives sont horrifiés. Le général lui intime l'ordre de se retirer immédiatement avec son sinistre butin...

Les soldats de l'armée d'Orient n'ont toujours pas compris ce que des savants et artistes, en redingote et grand chapeau, font à leurs côtés. Ils ignorent d'ailleurs les artistes, ne connaissant que des « savants », qu'ils assimilent à des ânes. « Les ânes et les savants au milieu ! », lance un officier en ordonnant une formation en carré. Les ânes, eux, sont qualifiés de « demi-savants »... Denon a pu mesurer lui-même, au début de ce voyage vers la Haute-Égypte, le peu de cas qu'on fait des gens de son espèce. Passant au galop près d'un soldat, qui, dans un faux mouvement, l'a désarçonné d'un coup de baïonnette, il entend le militaire s'exclamer, le croyant mort : « Bah ! Ce n'est qu'un savant de moins. »

Au cours d'un autre voyage, le jeune Edme Jomard, ingénieur géographe, connaît une mésaventure semblable. S'étant embourbé dans un marais, il appelle un soldat à son secours. Celui-ci s'approche et, le regardant sans intervenir : « Ah ! t'y voilà, chien de savant. Vous avez voulu nous mettre dedans ; eh bien, tire ton plan à présent ! »

Denon est, en revanche, très bien traité par les généraux, et ne tarit pas d'éloges sur leur compte. Menou, qu'il a secouru de ses propres mains lors d'une bataille dans le Delta, est « un homme aimable, instruit, et mon ami pour longtemps ». Belliard lui fait partager sa tente. « Cette association fut aussi heureuse qu'étroite, car nous ne nous quittions plus de la campagne. » Avec Desaix, c'est le grand amour : « Nous avions passé ensemble des moments si doux et si répétés, marchant au pas côte à côte pendant douze à quinze heures de suite ; nous ne causions pas, nous rêvions tout haut ; et souvent, après ces séances si longues, nous nous disions : combien nous aurons de choses à nous dire le reste de notre vie ! » Les rapports avec les simples officiers et les soldats sont moins idylliques, mais, peu à peu, à force de partager leur vie quotidienne, Denon finira par se faire plus ou moins adopter par eux.

Éblouissements d'un esthète

Il part vers le sud avec une exaltation d'explorateur. « J'allais défricher, pour ainsi dire, un pays neuf ; j'allais voir le premier et voir sans préjugés ; j'allais fouler une terre couverte de tous temps par le voile du mystère et fermée depuis deux mille ans à tout Européen. »

« A tout Européen » ? Pas vraiment. Avant lui, quelques pionniers, dont plusieurs religieux catholiques, se sont aventurés dans ces régions incertaines. Mais aucun d'eux n'a pu le faire dans de telles conditions, sous la protection d'une armée. Ces voyageurs remontaient rapidement le Nil et, lorsqu'ils mettaient pied à terre, n'osaient s'éloigner de leur embarcation. Nombre de dessins antérieurs à l'Expédition française ont été réalisés à partir d'un bateau.

« Voir sans préjugés » ? C'est vite dit. Denon est encore marqué par ses premières impressions au Caire. Devant les pyramides de Guiza, il a eu un haut-le-cœur : « La masse d'orgueil qui les a fait entreprendre paraît excéder celle de leur dimension physique : et de ce monument on ne sait ce qui doit le plus étonner, de la démence tyrannique qui a osé en commander l'exécution, ou de la stupide obéissance du peuple qui a bien voulu prêter ses bras à des pareilles constructions. » A la démesure des monuments s'ajoutait l'étrangeté des lignes, si éloignées des canons de l'art classique.

Ces préventions vont s'évanouir en Haute-Égypte. Devant

le temple de Dendera, Vivant Denon oublie toutes ses critiques précédentes. Il est saisi, bouleversé. Les anciens Égyptiens lui paraissent être des « géants » et il se sent transporté brutalement « dans le sanctuaire des arts et des sciences ». Les exclamations se bousculent sous sa plume : « Quelle constante puissance, quelle richesse, quelle abondance, quelle superfluité de moyens dans le gouvernement qui peut faire élever un tel édifice, et qui trouve dans la nation des hommes capables de le concevoir, de l'exécuter, de le décorer, de l'enrichir de tout ce qui parle aux yeux et à l'esprit ! »

Il voudrait tout dessiner, et n'ose commencer. Dessiner quoi ? Comment dessiner ? Lui, le grand voyageur, il n'a vu nulle part autant de merveilles rassemblées. Tout le transporte : l'architecture, la peinture, la sculpture, la moindre embrasure de porte, l'ornement le plus léger… Partout semblent régner l'équilibre et l'harmonie. Et ces visages de femmes… « De la rondeur, de la volupté ; le nez petit, les yeux longs, peu ouverts et relevés à l'angle extérieur… » Il se rend compte qu'il ne dispose que de quelques heures pour saisir ce qui a coûté des siècles à concevoir et réaliser. « Le crayon à la main, je passais d'objet en objet : distrait de l'un par l'intérêt de l'autre, toujours attiré, toujours arraché, il me manquait des yeux, des mains, et une tête assez vaste, pour voir, dessiner, et mettre quelque ordre à tout ce dont j'étais frappé. J'avais honte des dessins insuffisants que je faisais de choses si sublimes : mais je voulais des souvenirs des sensations que je venais d'éprouver ; je craignais que Tintyra ne m'échappât pour toujours, et mes regrets égalaient mes jouissances. »

Dans une pièce du temple, où les soldats accourent, il découvre le fameux zodiaque. Ce planisphère circulaire, gravé dans un plafond, est rempli de personnages et d'animaux. Quatre femmes soutiennent la voûte céleste, aidées par quatre paires de génies à tête de faucon. Un tableau saisissant, que Vivant Denon n'aura même pas le temps d'esquisser sur sa feuille à dessin. Il le reproduira quelques semaines plus tard, en redescendant le Nil.

Ce soir-là, un officier, Latournerie, vient le trouver et lui dit : « Depuis que je suis en Égypte, trompé sur tout, j'ai toujours été mélancolique et malade : Tintyra m'a guéri ; ce que j'ai vu aujourd'hui m'a payé de toutes mes fatigues ; quoi qu'il puisse en être pour moi de la suite de cette expédition, je m'applaudirai toute ma vie de l'avoir faite par les souvenirs que me laissera éternellement cette journée... »

Le surlendemain, à 9 heures du matin, au détour d'une chaîne de montagnes, les Français tombent sur l'ancienne Thèbes, « la ville aux cent portes » célébrée par Homère. Nouvel éblouissement. « L'armée, à l'aspect de ses ruines éparses, raconte Denon, s'arrêta d'elle-même, et, par un mouvement spontané, battit des mains, comme si l'occupation des restes de cette capitale eût été le but de ses glorieux travaux, eût complété la conquête de l'Égypte. » Ne voulant pas laisser échapper cette image, il sort son carton à dessins. « Et je trouvai, assure-t-il, dans le complaisant enthousiasme des soldats, des genoux pour me servir de table, des corps pour me donner de l'ombre... » Scène extraordinaire, l'une des plus fortes certainement de ce *Voyage* sans pareil.

La partie de cache-cache avec les mamelouks n'a pas cessé. Obligé de suivre le rythme d'une armée en marche, Denon regarde et dessine entre deux coups de fusil. L'une de ses propres gravures le montre en train de travailler debout, face aux ruines d'Hiéraconpolis. En tenue militaire mais chaussé de babouches, il porte un sabre au côté et des pistolets en bandoulière. Son domestique et son petit serviteur noir sont assis par terre, près du pliant portatif. « Je n'ai jamais quitté mon portefeuille, précise-t-il. Je le portais partout, et la nuit il me servait d'oreiller ; sur la fin du voyage son poids avait considérablement augmenté. Celui de mon nécessaire de voyage, semblable à celui de Robinson, était composé de deux pistolets à deux coups, d'un sabre, de quelques charges de balles, d'une ceinture où il y avait cent louis d'or, pour me faire porter à la suite de l'armée au cas où je fusse blessé, d'une cuiller, d'une fourchette et d'un gobelet d'argent, de papier à dessiner et à écrire… »

Plus au sud, à Edfou, l'artiste part de bon matin pour devancer les premiers soldats. Mais il pourra tout juste parcourir à cheval cet édifice, en partie enfoui dans le sable, « dont la grandeur, la noblesse, la magnificence et la conservation surpassent tout ce que j'avais encore vu… ». Il est temps de clore le voyage, car Denon n'a plus de mots pour décrire ses émerveillements.

La troupe arrive à Assouan, après des moments très durs, où la faim, la soif et la chaleur se sont ajoutées aux menaces de l'ennemi. Syène, la terre promise ! Toute l'Égypte est désormais possession française. Bien logé, au milieu de la verdure, le chroniqueur peut enfin souffler. Il se promène inlassablement. « L'île Éléphantine devint tout à la fois ma maison de campagne, mon lieu de délices, d'observation et de recherches ; je crois y avoir retourné toutes les pierres, et questionné tous les rochers qui la composent… »

L'insaisissable Mourad bey étant signalé plus au sud, on se dirige vers Philae. L'île, farouchement défendue par ses habitants, est conquise l'arme à la main. L'artiste s'y rend alors plusieurs fois, sans aucune obligation, disposant de tout son temps. « Point de tambours battant le rassemblement ou le départ, point d'Arabes, point de paysans ; seul enfin et jouissant à mon aise, je me mis à faire la carte de l'île et le plan des édifices dont elle est couverte. »

Mais la guerre-poursuite contre les mamelouks continue. Mourad bey ayant rebroussé chemin, on repart vers le nord. Les conditions de cette nouvelle équipée sont encore plus dures qu'à l'aller. Chaleurs insupportables, vents de sable. Denon est atteint de saignements de nez. « Le désert a déchiré mes paupières. » Il ne voit plus qu'à travers un voile de sang. L'allègre quinquagénaire commence à sentir le poids des années. Et son épuisement explique sans doute la mauvaise impression que lui font, cette fois, les ruines de Thèbes. Le voilà reparti sur l'« effroi » que lui procure l'organisation du pouvoir pharaonique…

Mais cette mélancolie ne dure pas. Comment résister aux charmes de la vallée des Rois ? Denon insiste pour dessiner l'intérieur d'une tombe. « Je demandai à hauts cris un quart d'heure ; on m'accorda vingt minutes la montre à la main ; une personne m'éclairait tandis qu'une autre promenait une bougie sur chaque objet que je lui indiquais… » Dans la tombe, il ramasse ce qu'il trouve : une patère, des statuettes funéraires, un pied de momie. « Sans doute le pied d'une femme, d'une princesse, d'un être charmant, dont la chaussure n'avait jamais altéré les formes et dont les formes étaient parfaites. » Ce joli pied se retrouvera dans ses bagages, à Paris. Des années plus tard, Théophile Gautier s'en inspirera pour écrire une nouvelle, puis le fameux *Roman de la momie.*

Vivant Denon n'a-t-il pas été diplomate naguère ? On fait appel à lui pour servir d'intermédiaire. A Médinet-Habou, chargé de négocier la reddition des cheikhs, il fait traîner les discussions pour mieux observer les ruines. Quelqu'un lui apporte une momie tenant un manuscrit enroulé dans la main. L'artiste pâlit d'émotion. Un papyrus ! Aucun autre voyageur français n'avait eu la chance d'en découvrir un. « La voix me manqua… Je ne savais que faire de mon trésor, tant j'avais peur de le détruire… Tout le coton de la couverture qui me servait de lit ne me parut pas suffisant pour l'emballer assez mollement. » Plus tard, ayant repris ses esprits et aiguisé sa plume, il saluera avec un lyrisme sans limite ce « frêle rival des pyramides, précieux gage d'un climat conservateur, monument respecté par le temps, et que quarante siècles placent au rang du plus ancien de tous les livres ».

De retour au Caire à la mi-août 1799, après huit mois d'absence, Denon déballe ses trésors. Il raconte le voyage aux membres de l'Institut et montre ses dessins. On se les arrache. S'ils sont parfois trop petits, explique l'auteur, c'est parce que le détail des objets aurait nécessité plus de temps. Mais la première impression n'est-elle pas plus importante que les détails ? Monge, subjugué, lui pose mille questions. Le mathématicien veut connaître les dimensions des obélisques et des colosses de Thèbes ; il en calcule déjà le poids, la force qu'il a fallu pour les transporter et les ériger…

Dans une communication destinée à ses collègues de l'Institut, Vivant Denon ne lésine pas sur les adjectifs. La grandeur de l'Égypte se confond sous sa plume avec celle de la France. Il est fier d'être descendu jusqu'à Philae, fier d'avoir trouvé à sa patrie « les mêmes confins qu'à l'Empire romain ». La conquête scientifique se confond avec la conquête militaire : « Si l'amour de l'Antiquité a fait de moi un soldat, la complaisance des soldats pour mes recherches en a fait souvent des antiquaires. »

L'éclaireur a rempli sa mission. A d'autres maintenant de partir en Haute-Égypte pour étudier ce qu'il vient seulement d'esquisser.

6

Devant la peste…

Soucieux de la santé de son armée, Bonaparte a choisi deux médecins exceptionnels pour la campagne d'Égypte : Larrey et Desgenettes. Ils viennent de deux mondes différents.

Dominique Jean Larrey, 33 ans, est un enfant de la Révolution. D'un milieu assez modeste, il a commencé ses études de médecine à Toulouse, puis est monté à pied à Paris pour obtenir son diplôme. Aide-major dans l'armée du Rhin, il a fait preuve de sang-froid et de créativité sur le champ de bataille, mettant au point des ambulances volantes et une simplification des pansements. Bonaparte l'a nommé chirurgien en chef de l'armée d'Orient.

René Nicolas Desgenettes, 36 ans, appartient à une famille de magistrats d'Alençon. Cet homme de haute stature, au teint rougeaud, a fait ses études chez les jésuites, puis au collège Sainte-Barbe à Paris, avant de se lancer dans la médecine. Un petit héritage lui a permis de voyager en Europe et d'apprendre l'italien, ce qui l'a conduit dans l'armée d'Italie, où Bonaparte a pu mesurer ses qualités. Professeur au Val-de-Grâce et beau-frère du doyen de la faculté de médecine de Paris, il quitte une situation très confortable pour suivre en

Égypte ce général plus jeune que lui, qui l'a choisi comme médecin-chef.

Desgenettes et Larrey recrutent à Montpellier des sujets d'élite, les voulant « instruits, courageux et capables de supporter des campagnes pénibles et de long cours ». On se dispute pour les suivre. Quelque deux cents chirurgiens et officiers de santé seront retenus. Desgenettes se charge des médicaments à confectionner, tandis que Larrey rassemble les meilleurs instruments de chirurgie disponibles. Des sondes aux trépans, rien n'est oublié, pas même des forceps, puisque des vivandières, blanchisseuses, couturières et autres auxiliaires féminines doivent accompagner l'armée d'Orient... Une partie du matériel médical, transporté à bord de la *Bienfaisance,* sera cependant perdue lors de la capture de ce bateau par les Anglais. Pour le remplacer, il faudra que Conté fabrique des outils de fortune dans ses ateliers du Caire.

Si neuf médecins et chirurgiens, ainsi que trois pharmaciens font partie de la Commission des sciences et des arts, ils ne sont pas les seuls à contribuer au travail scientifique sur place. Desgenettes et Larrey, en particulier, rejoignent l'Institut d'Égypte et se comportent en véritables savants. Ce qui leur vaudra d'ailleurs, à l'un et à l'autre, une brillante carrière de retour en France et l'inscription de leurs noms sur l'Arc de Triomphe...

Dès son arrivée en Égypte, l'armée d'Orient est confrontée à des maux particuliers, dus au climat, à l'alimentation ou à des épidémies : insolation, ophtalmie, dysenterie, peste... Les responsables décident alors des mesures de prévention, collectives ou individuelles, comme l'aménagement de lazarets, l'institution de quarantaines, le regroupement des détritus ou l'élimination des chiens errants. Les soldats reçoivent des instructions pour éviter les diarrhées, faire face aux piqûres de scorpion ou se protéger les yeux. Une « Notice sur l'ophtalmie régnante » est présentée ainsi à l'Institut, dès la troisième séance, le 2 septembre 1798, par « le citoyen Bruant, médecin ordinaire de l'armée ». Il fait remarquer que beaucoup de soldats sont atteints de ce mal, provoqué par l'ardeur du soleil et les vents de sable. Au dernier stade de l'affection, la cornée peut être perforée, puis éclater. Dans des rapports ultérieurs, plus précis, les médecins noteront que les hommes blonds sont plus fragiles que les bruns et que l'œil droit est plus fréquemment atteint que l'œil gauche. Ils préconiseront, selon les cas, des collyres divers, des cataplasmes, des bains de pied, des saignées au cou, au bras ou au pied, l'application de sangsues sur les tempes ou, tout simplement, « une étoupade de blancs d'œuf, battus avec quelques gouttes d'eau de rose et quelques grains d'alun ».

L'Égypte sera dotée de dix-neuf hôpitaux, dont six ambulants, et quatre lazarets. Le plus grand établissement du Caire, où habite Desgenettes, est installé dans l'ancienne maison de campagne du chef mamelouk Ibrahim bey, au cœur de l'île de Roda. Heureux Français hospitalisés ici ! Cette île est un enchantement. On y trouve « les plus beaux sycomores de l'Égypte », affirme le médecin-chef. Dattiers, orangers, citronniers, tamaris, acacias, grenadiers et bananiers y poussent dans le plus grand désordre, formant une merveilleuse forêt urbaine.

Des médecins sur le terrain

Les médecins français peuvent-ils se désintéresser des indigènes ? En matière de santé publique, la population forme un tout. Le 26 novembre 1798, Desgenettes fait une visite historique au Moristan du Caire, en compagnie du cheikh

El-Cherkawi, président du Divan. C'est la première fois qu'un chrétien pénètre dans cet hospice, fondé au XIIIe siècle et situé près de la Grande Mosquée. Le Français y découvre une cour des miracles où hommes, d'un côté, et femmes, de l'autre, se partagent quelques locaux délabrés. Les lits en pierre se composent d'une dalle percée, qui sert de latrines. Les « insensés » des deux sexes sont enchaînés, et certains pensionnaires, rongés par la maladie, n'ont plus de nez.

Desgenettes propose de remplacer le Moristan par un hôpital moderne d'un demi-millier de lits, doublé d'une école de médecine. Les cours y seraient donnés en français, ce qui suppose d'enseigner d'abord cette langue à de jeunes Égyptiens. Larrey formerait des sages-femmes, tandis qu'une pharmacie centrale fournirait des médicaments à prix modique, qui seraient gratuits pour les pauvres. Le 15 décembre 1798, présentant son projet d'hôpital à Bonaparte, le médecin-chef explique : « Un établissement de ce genre, général, ouvrira dans l'Égypte une source de perfectionnement et de prospérité, et les bénédictions du pauvre, expression de sa reconnaissance, se mêleront aux trophées que vous élève la gloire. »

Faute de moyens, faute de temps aussi, Desgenettes et Larrey ne pourront pas réaliser leur hôpital-école. Il reviendra à un autre Français, le docteur Clot, de créer une école de médecine dans les environs du Caire, en 1825, près d'un quart de siècle après la fin de l'Expédition...

En Égypte, Desgenettes étudie la médecine, non plus seulement sous un angle individuel, mais comme un phénomène social. Il demande à ses médecins d'établir des notices topographiques et médicales des localités où ils exercent. « Nos fonctions aux armées, indique une circulaire du 12 août 1798, ne se bornent point à traiter les maladies ; nous devons constamment surveiller tout ce qui peut assurer la santé des militaires... Mais pour appliquer convenablement les principes de l'hygiène, et pour trouver des médicaments efficaces dans un pays nouveau pour nous, il est indispensable d'en rédiger soigneusement la topographie. » Suit un questionnaire en neuf points, où rien n'est oublié : latitude, longitude, vents dominants, nature du sol, qualité des eaux, faune, flore, grains cultivés, manière de les cultiver, substances médicamenteuses utilisées... Les médecins sont invités aussi à « faire connaître le tempérament général des habitants, leurs aliments, leurs boissons, leurs vêtements, la construction de leurs maisons, leurs occupations, leurs habitudes et leurs mœurs ».

Les réponses sont de véritables études de terrain. En avril 1799, le citoyen Renati, médecin ordinaire de l'armée, présente à l'Institut la « Topographie physique et médicale du Vieux-Kaire ». Au chapitre des maladies, il note peu de maux de dents, une surdité presque inconnue, mais des hernies de toutes espèces, de nombreux cas d'asthme et une cécité très répandue à cause d'ophtalmies répétées et mal soignées. Les mœurs sexuelles des habitants n'ont pas échappé à ses observations : « Les hommes sont libidineux, et jaloux au plus haut point ; ils deviennent souvent impuissants à l'âge de 40 ans. Les femmes sont très fécondes ; la stérilité est rare. L'onanisme est peu connu ; mais le vice qui contrarie les vues de la nature est très usité, singulièrement parmi les grands. Les chrétiens ne sont pas à l'abri de ce reproche. »

Au terme d'un voyage sur la rive occidentale du Nil, du Caire à Assiout, un autre médecin militaire, le citoyen Cérésole, étudie la configuration physique des habitants. Il constate avec regret chez les femmes « un sein flasque et allongé, un ventre proéminent » qui « gâtent de bonne heure ce que leur taille pourrait avoir d'avantageux ». Le praticien, devenu enquêteur, s'intéresse tout autant aux superstitions et aux mœurs. « Les garçons de 12 à 15 ans, précise-t-il, sont déjà très lascifs ; ils s'excitent par des stimulants, et trouvent aisément dans la complaisance de l'autre sexe de quoi satisfaire leurs besoins : c'est peut-être pour cela que la masturbation, qui fait parmi nous des ravages, leur paraît peu familière. »

Des non-médecins participent à cette vaste enquête. L'astronome Nouet, notamment, fournit des données précises sur la pression, les vents ou l'état du ciel. Des tables nécrologiques de la ville du Caire sont rédigées, dans lesquelles figurent, jour par jour, quartier par quartier, les noms des individus décédés, leur sexe, leur âge, la forme et la durée de leur maladie. Ce qui permet d'établir des statistiques, mais aussi de voir venir les épidémies et de prendre des mesures préventives.

Dans sa lettre-circulaire, Desgenettes souligne qu'après avoir été le berceau de la médecine, l'Égypte, « livrée à une foule de superstitions ridicules », est tombée très bas dans ce domaine. Il remarque pourtant – avec une ouverture d'esprit remarquable pour son époque – que les Français ont des choses à apprendre de la population locale. Ne doit-il pas subsister « des traces de cette ancienne science » ? A ses médecins il recommande : « Étudiez donc soigneusement la pratique du pays, quelque peu estimable que cet empirisme puisse vous paraître d'abord : il faut le connaître pour avoir droit de le juger. Soyons aussi bien convaincus que dans un climat nouveau, et même partout, les moins instruits peuvent nous apprendre des choses utiles. »

Le médecin-chef sera entendu par un certain nombre de ses collègues, malgré un sentiment de supériorité évident. On observe autour de soi, on échange des recettes, après les avoir testées – que ce soit l'huile de lin contre les convulsions ou la décoction de grain de ricin comme vermifuge. Dans le traitement de la dysenterie, le médecin Frank conseille un régime à

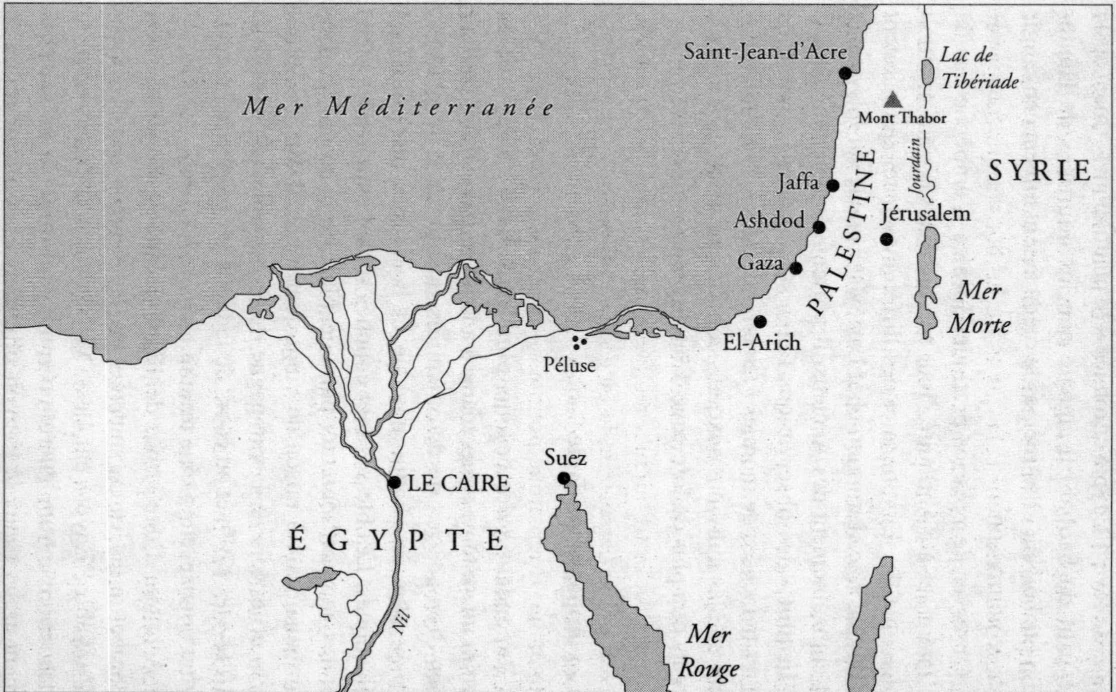
Mer Méditerranée
Saint-Jean-d'Acre
Lac de Tibériade
Mont Thabor
Jourdain
SYRIE
Jaffa
Ashdod
Gaza
PALESTINE
Jérusalem
Mer Morte
El-Arich
Péluse
Suez
LE CAIRE
ÉGYPTE
Nil
Mer Rouge

base de fève d'Égypte citronnée – le plat national – mais aussi le fruit du baobab. Il signale que les nourrices de Haute-Égypte boivent elles-mêmes le médicament qui est censé agir sur le nourrisson…

Observer de près les pratiques locales n'empêche pas de s'intéresser à l'Antiquité. Tout en étudiant « la conformation physique des Égyptiens et des différentes races qui habitent l'Égypte », le chirurgien-chef Larrey se penche sur le système d'embaumement des Anciens. Il présente le 6 janvier 1801 à l'Institut « des observations faites sur un grand nombre de têtes détachées de momies ». Selon lui, elles « tendent à prouver que les individus auxquels ces têtes appartenaient avaient beaucoup plus de force que d'intelligence ».

La campagne de Syrie

Répondant à des besoins plus immédiats, Larrey met au point un système d'ambulances adapté au pays. Il fait équiper des dromadaires de deux paniers en branches de palmier, suspendus de chaque côté de la bosse par des courroies élastiques. Les blessés sont couchés sur un matelas, les pieds et les jambes soutenus par une planche à bascule… Ces ambulances – à raison de vingt-quatre par division – seront très utiles lors de la campagne de Syrie, qui commencera le 10 février 1799, et au cours de laquelle les médecins français vont donner leur pleine mesure.

A la tête d'une armée de 12 000 hommes, Bonaparte part combattre les Turcs, soutenus par les Anglais, qui menacent d'envahir l'Égypte par l'est. Mais, dans son esprit, ce n'est pas seulement une guerre préventive : il mise sur un soulèvement arabe contre le pouvoir ottoman et pense entraîner à sa suite les Maronites, les Druzes, les Grecs et les Arméniens. Ces peuples coalisés devraient permettre au nouvel Alexandre d'aller jusqu'aux portes de Constantinople, puis de bifurquer vers les Indes pour réaliser un empire d'Orient...

Nombre de savants et d'artistes l'accompagnent dans cette équipée militaire. Ils veulent voir du pays et étendre le champ de leurs recherches. Si Monge et Berthollet voyagent dans la voiture du général en chef, leurs collègues sont à cheval ou à dos de chameau, parfois à pied, comme le naturaliste Savigny, occupé à ramasser tous les insectes et serpents intéressants qu'il trouve sur sa route. Le géographe Jacotin, lui, armé d'une boussole, prépare déjà la carte du pays conquis.

La marche dans le désert, jusqu'à El-Arich, est particulièrement pénible, mais la soif d'aventure domine encore. A Ashdod, Monge organise une excursion scientifique pour aller examiner un dattier exceptionnel, isolé au milieu des sables. Des sapeurs éventrent l'arbre devant lui et en extraient un fruit qui ressemble à une noix de coco.

Le 7 mars, savants et artistes assistent avec effarement à la prise de Jaffa. De cet épisode sanglant le physicien Malus fait un terrible récit. Ayant finalement réussi à ouvrir une brèche, les soldats français montent à l'assaut, au son de la musique des différents corps d'armée. L'ennemi se retire dans les maisons et les forts environnants mais, armé de fusils, résiste encore pendant une heure. Les assaillants se jettent alors sur les civils, hommes, femmes, vieillards, enfants, et déchargent leur fureur sur tout ce qui a figure humaine.

« Le tumulte du carnage, raconte Malus, les portes brisées, les maisons ébranlées par le bruit du feu et des armes, les hurlements des femmes, le père et l'enfant culbutés l'un sur l'autre, la fille violée sur le cadavre de sa mère, la fumée des morts grillés par leurs vêtements, l'odeur du sang, les gémissements des blessés, les cris des vainqueurs se disputant les dépouilles d'une proie expirante, des soldats furieux répondant aux cris de désespoir par des cris de rage et des coups redoublés, enfin des hommes rassasiés de sang et d'or, tombant de lassitude sur des tas de cadavres : voilà le spectacle qui s'offrit à cette malheureuse ville jusqu'à la nuit. »

La suite n'est pas moins horrible. Près de 3 000 soldats ottomans qui ont échappé au carnage et déposé les armes sont faits prisonniers. Bonaparte met à part les Égyptiens (un demi-millier), qui seront conduits dans leur pays, et fait froidement fusiller tous les autres. Faute de munitions suffisantes, on les achèvera à la baïonnette ou à l'arme blanche. L'officier de cavalerie Jacques Miot décrit « une pyramide effroyable de morts et de mourants dégoulinant le sang ». Les soldats français, souligne-t-il, « ne se prêtaient qu'avec une extrême répugnance au ministère abominable qu'on exigeait de leur bras victorieux ». Désireux de terroriser la Palestine pour mieux la conquérir, Bonaparte apparaît là dans tout son cynisme. Plus d'un membre de l'Institut d'Égypte commence à regarder avec d'autres yeux cet illustre collègue de la section des mathématiques.

A Jaffa, la peste ne tarde pas à se déclarer dans les rangs français. Pour éviter la panique, Desgenettes et Larrey qualifient le mal de « fièvre à bubon ». Cet artifice ne fait pas illusion très longtemps. Malus, qui a été chargé d'organiser un hôpital pour les pestiférés, est atteint à son tour par l'épidémie. Avant d'être évacué sur Damiette, et sauvé, il rencontre son collègue André de Saint-Simon, chevalier de l'ordre de Malte, intégré à la Commission des sciences et des arts après la conquête de l'île. « Saint-Simon, arrivant d'Égypte, vint me voir, précise Malus. Il était en parfaite santé ; le surlendemain, il était mort. »

L'armée française reprend sa marche. Dépassant Haïfa, elle commence le siège de Saint-Jean-d'Acre, où Ahmed pacha, surnommé « le Boucher », s'était imposé par la terreur. Cet Ottoman bénéficie de l'appui de la flottille anglaise de Sidney Smith et des conseils techniques d'Antoine de Phélippeaux, émigré royaliste français, ancien condisciple de Bonaparte à l'École militaire. La typhoïde fait des ravages parmi les assaillants. Monge est atteint de fièvre intermittente compliquée de dysenterie. Son ami Berthollet, qui a commencé sa carrière comme médecin, ne quitte pas sa tente. Il arrive à Bonaparte lui-même de veiller au côté du mathématicien et de lui présenter son breuvage. Soigné le mieux possible, Monge échappe à la mort et se retrouve sur pied au bout de quatre semaines.

D'autres ont moins de chance. L'orientaliste Venture de Paradis, précieux collaborateur de Bonaparte, meurt de dysenterie. Horace Say, chef d'état-major du Génie et membre de l'Institut, est blessé, puis succombe, victime de la peste. Quant au général Caffarelli, atteint d'une balle, il doit être amputé du bras par Larrey. L'homme à la jambe de bois s'arrange pour monter à cheval avec ce qui lui reste de membres. Mais la fièvre l'emporte en moins de trois semaines. Sur son lit de mort, il trouve encore la force de prononcer une sorte de discours-programme sur l'instruction publique... Sa disparition provoque un choc, tant parmi les soldats, qui le vénéraient, que parmi les savants et artistes dont il était responsable depuis le début de l'Expédition. « L'armée, déclare Bonaparte, perd l'un de ses plus braves chefs, l'Égypte un de ses législateurs, la France un de ses meilleurs citoyens, la science un homme qui y remplissait un rôle célèbre. »

La science gardant ses droits, le général défunt est autopsié par Larrey, devant Desgenettes. Dans son rapport à l'Institut d'Égypte, le chirurgien-chef précisera : « Pendant la campagne de Syrie, j'ai voulu rechercher jusque dans les entrailles des morts les causes de cette maladie : le premier cadavre dont je fis l'ouverture fut celui d'un volontaire âgé d'environ 25 ans. » A côté de cela, il multiplie les exploits techniques, allant jusqu'à recoudre la langue d'un officier grièvement blessé, avant de le faire nourrir à la sonde, puis au biberon. Il n'est pourtant pas facile d'éviter les infections dans ces opérations à main nue, effectuées parfois sur un tabouret ou à même le sol. Contrairement aux recommandations d'Ambroise Paré, observées par les chirurgiens depuis deux siècles, Larrey referme des plaies thoraciques accompagnées d'hémorragies. Le succès de cette méthode la fera bientôt entrer dans les manuels de médecine.

Polémiques sur une épidémie

La peste provoque une telle panique parmi les Français que Desgenettes commet un acte spectaculaire pour calmer les esprits : il s'inocule publiquement la maladie. Sur cet épisode célèbre son propre témoignage ne manque pas d'intérêt : « Ce fut pour rassurer les imaginations et le courage ébranlé de l'armée qu'au milieu de l'hôpital je trempai une lancette dans le pus d'un bubon, appartenant à un convalescent de la maladie au premier degré, et que je me fis une légère piqûre à l'aine et au voisinage de l'aisselle, sans prendre d'autre précaution que celle de me laver avec de l'eau et du savon. » Le médecin-chef est indemne, mais cette expérience incomplète n'infirme pas la transmission de la maladie. Son seul but était de remonter le moral des troupes, et il a été partiellement atteint.

A Saint-Jean-d'Acre, Bonaparte est pris à partie, en public, par un jeune ingénieur des Ponts et Chaussées, Louis Joseph Favier, devenu fou de colère en voyant agoniser un sous-lieutenant de ses amis. Saisi de convulsions, le jeune homme dénonce violemment les conquérants sans scrupules. Le général en chef, impassible, réclame une fiole d'opium et en fait donner une forte dose à Favier, qui se calme.

Après des pertes énormes, Bonaparte reconnaît finalement que Saint-Jean-d'Acre ne tombera pas. La retraite est décidée le 17 mai. On bombarde la ville une dernière fois, pour épuiser les munitions et donner le change. Kléber, qui commande l'arrière-garde, est chargé de tout détruire et brûler après le passage de l'armée française. Il maugréera contre le Corse, mais le fera.

C'est la fin d'un rêve. Quelques années plus tard, à Austerlitz, Napoléon confiera à des intimes : « Si je m'étais emparé d'Acre, je prenais le turban ; je faisais mettre de grandes culottes à mon armée... Je me faisais empereur d'Orient, et je revenais à Paris par Constantinople ! »

Le corps expéditionnaire de Syrie a perdu plus d'un millier d'hommes, parmi lesquels douze membres de la Commission des sciences et des arts. Une partie des blessés regagneront l'Égypte par la mer. Les autres devront franchir le désert. Ceux-là souffriront le martyre, même si les chevaux leur sont réservés. Ils goûteront entre autres au supplice de la mouche bleue, qui dépose ses larves dans les plaies, provoquant de terribles démangeaisons.

A Saint-Jean-d'Acre, puis à Jaffa, des pestiférés sont jugés intransportables. Bonaparte demande à Desgenettes de leur administrer de fortes doses d'opium pour mettre fin à leurs souffrances et empêcher qu'ils ne tombent vivants entre les mains des Turcs. Le médecin-chef refuse. « Mon devoir, dit-il, est de conserver. » Bonaparte se fâche mais, renonçant à le faire fléchir, s'adresse au pharmacien-chef Jean-François Royer, qui s'exécute sans protester.

La route du désert est encore plus pénible qu'à l'aller. Larrey lui-même tombera en syncope. A Salahieh, des soldats assoiffés se jettent à plat ventre sur le bord de petits lacs, pour boire avidement une eau incertaine. Ils ne tardent pas à ressentir des picotements douloureux dans l'arrière-bouche, puis à cracher un peu de sang. Le chirurgien-chef ausculte l'un d'eux. En abaissant la langue du malade avec une cuiller, il découvre une sangsue dans l'isthme du gosier. Il introduit une pince à pansement pour la saisir. Mais, au premier attouchement, la bête se rétracte et remonte derrière le voile du palais. « Il fallut attendre une rechute, raconte Larrey, et alors, avec une pince à polype, recourbée sur sa longueur, je l'arrachai du premier coup. » Contre ce fléau inattendu, les médecins français improvisent des remèdes, en s'inspirant de la manière dont les Égyptiens traitent leurs chevaux. Dans certains cas, ils parviennent à détacher les sangsues de l'arrière-bouche par des gargarismes de vinaigre et d'eau salée ; mais, parfois, ces maudites bêtes pénètrent dans les fosses nasales, où elles s'introduisent dans l'œsophage, et de là dans l'estomac. D'autres médications, plus ou moins efficaces, devront être trouvées.

Bonaparte se fait organiser un retour triomphal au Caire. Les étendards pris à l'ennemi flottent au-dessus des minarets de la capitale. Le cheikh El-Bakri, président du Divan, offre au général en chef un magnifique pur-sang arabe, couvert d'or et de pierreries, conduit par un jeune esclave mamelouk, qui fait partie du cadeau. Le cheval, baptisé « Sultan », sera monté par Napoléon à Austerlitz, tandis que Roustam, le jeune esclave, deviendra le plus célèbre « mamelouk de l'empereur »...

Au cours de ces quatre mois, le pays est resté calme. C'est un bon point pour Joseph Fourier, secrétaire perpétuel de l'Institut et commissaire auprès du Divan, qui a exercé une sorte de gouvernorat en l'absence du général en chef. « Les Égyptiens, pendant la guerre de Syrie, se montrèrent bons Français », dira joliment Napoléon à Sainte-Hélène.

L'Institut reprend ses activités, mais la tragique controverse de Saint-Jean-d'Acre et de Jaffa a laissé des traces. A la séance du 4 juillet, Bonaparte demande la création d'une commission d'étude sur la peste. Desgenettes, flairant un piège, refuse d'y participer : ne va-t-on pas lui imputer l'échec de la campagne de Syrie ? Le général en chef l'accuse en effet de n'avoir pas reconnu l'épidémie et dénonce son « charlatanisme ». Murmures dans la salle. En retour, le médecin-chef reproche à Bonaparte de l'avoir incité à une action criminelle. Le ton monte. Les cris du président Berthollet, tentant de calmer l'assistance, attirent des guides de Bonaparte, qui se montrent à la porte. Dans l'assistance fusent les mots de « despote oriental » – un despote qui utilise « des gardes armés jusque dans l'enceinte d'une société paisible et littéraire ».

Desgenettes lance alors, d'un ton solennel : « Général, puisque vous voulez être ici autre chose que membre de l'Institut, et que vous tenez à être le chef partout, je sais que j'ai été entraîné à dire avec chaleur des choses qui retentiront loin d'ici, mais je ne rétracte pas un seul mot... » Bonaparte est contraint de s'incliner : la commission d'étude sur la peste comprendra Monge, Berthollet, Costaz et Bourrienne, mais pas Desgenettes. Cette scène – la plus houleuse de l'Institut d'Égypte – n'aura pourtant pas de conséquences graves. Desgenettes est très populaire dans l'armée, et Bonaparte a trop besoin de lui. Le médecin-chef ajoutera à ses tâches la direction du *Courrier de l'Égypte*, à partir du mois d'août 1799 et, en novembre, prendra même la présidence de l'Institut. Mais Bonaparte ne sera déjà plus en Égypte…

7

Une pierre devenue célèbre

Déodat de Dolomieu est surtout venu en Égypte pour vérifier sa théorie sur la formation du delta du Nil. Mais, sur place, le célèbre géologue – à qui l'on doit des travaux essentiels sur la houille, le carbonate de magnésium, les séismes et les volcans – est pris d'une curiosité insatiable, élargissant beaucoup le champ de ses recherches. Il veut tout voir, tout connaître. A côté d'études sur le fleuve et l'agriculture de la Basse-Égypte, il s'intéresse à l'âge des monuments antiques, à la fabrication du pain et même à la construction des moulins à vent.

Ce presque quinquagénaire n'a pas digéré le rôle que lui a fait jouer Bonaparte lors de la prise de Malte, le chargeant de négocier la reddition des chevaliers de l'Ordre, auquel il avait jadis appartenu. Au Caire, Dolomieu ironise sur la « cour » qui entoure le général en chef. A l'en croire, on est « plus à son aise au Palais-Royal, chez M. le duc d'Orléans », que dans le palais d'Elfy bey. Être sous les ordres d'un militaire « fatigue [son] imagination ».

Bonaparte, pour sa part, n'a guère apprécié que le savant émette des doutes sur la fertilité du Delta. Et encore moins qu'il ait placé en exergue d'un mémoire sur les ruines d'Alexandrie la formule latine *tempus edax rerum* (le temps détruit les choses), provoquant des sourires à l'Institut. Autant dire que, lorsque Dolomieu émet le désir de rentrer en France, l'autorisation lui est accordée sur-le-champ.

Accompagné de son assistant Cordier, le géologue embarque le 10 mars 1799 à bord de la *Belle Maltaise*, un nom dont il aurait dû se méfier… En mer, une violente tempête oblige le navire à se réfugier à Tarente. Dolomieu est jeté dans un cachot et mis au secret, sous la pression des chevaliers de Malte réfugiés au royaume de Naples. Il y abîmera sa santé pendant vingt-six mois, jusqu'à ce qu'une mobilisation de savants européens en sa faveur permette sa libération. Il regagne Paris, où l'attend une chaire de minéralogie au Muséum. Mais, malade, épuisé, privé de ses collections et documents égyptiens, qui lui ont été confisqués à Tarente, il meurt peu après son retour. Consolation posthume – et suprême consécration pour un savant : son nom est donné à une chaîne de montagnes italiennes, les Dolomites, pour rappeler qu'il a été le premier à décrire le carbonate de magnésium…

Dolomieu a passé trop peu de temps en Égypte pour apporter la contribution minéralogique qu'on pouvait attendre de lui. Le travail sera fait par un jeune inconnu de 22 ans, François de Rozière. Cet ingénieur des Mines parcourt la vallée du Nil dans tous les sens, à la recherche de pierres en tout genre. En janvier 1799, il explore la région du Fayoum ; en mars, il part pour la Haute-Égypte ; en décembre, il participe à la reconnaissance de l'itinéraire Le Caire-Suez ; puis, en novembre de l'année suivante, se rend au mont Sinaï. Sa moisson est immense : mille variétés de granit, de schiste et de grès, des porphyres du désert, des calcaires ayant servi à la construction des pyramides, des bois pétrifiés, des coquilles fossiles…

En novembre 1800, Rozière et l'ingénieur mécanicien Coutelle sont autorisés à accompagner la grande caravane de Tor, forte de mille huit cents chameaux, qui doit se rendre au Sinaï. Expérience extraordinaire pour les deux jeunes Français, qui vont ajouter à leurs travaux scientifiques l'observation d'une population en marche dans le désert. « Tous les yeux étaient fixés sur nous, raconte Coutelle. Les Arabes nous parurent plus étonnés lorsqu'ils nous virent descendre de dromadaire et marcher sans armes au milieu d'eux. Si nous cassions quelques cailloux, ils nous apportaient les plus transparents, ceux qu'ils croyaient les plus propres à battre le briquet. Si nous examinions leurs vêtements, ils entraient dans le détail des nôtres. La forme de nos chapeaux, notre habit court et serré, les cuirs dans lesquels nos jambes et nos pieds étaient renfermés leur semblaient incommodes ou inutiles… »

Ces observations font intimement partie du travail de Rozière. Le jeune ingénieur approche en effet la minéralogie sous un angle ethnologique et historique, cherchant à montrer comment une civilisation dépend de son environnement matériel. Le cas de l'Égypte lui semble exemplaire, compte tenu de sa très longue histoire et du fait qu'elle dépend totalement d'un fleuve. Connaître, dans le détail, l'état physique du pays devrait nous renseigner, pense-t-il, sur les modes de vie dans l'Antiquité. C'est dans cet esprit qu'il ajoute à son colossal travail sur les minéraux une étude très fouillée du système métrique des anciens Égyptiens.

Une écriture et une langue inconnues

La pierre la plus célèbre de l'Expédition d'Égypte n'a pourtant pas grand-chose à voir avec la minéralogie. Le 19 juillet 1799, près de la ville de Rosette, des soldats et des ouvriers, dirigés par un jeune officier, Pierre François Xavier Bouchard, tombent sur un bloc de granit noir, qui n'aurait jamais dû se trouver là. Une fabuleuse aventure scientifique commence…

Qui est cet heureux Bouchard, entré par hasard dans les manuels d'histoire ? Fils d'un maître menuisier du Jura, il s'est retrouvé sous les drapeaux en 1793. Les événements militaires ont fait de lui un grenadier à Paris, puis un aérostier à Meudon, sous les ordres de Conté. Les deux hommes se sont liés d'amitié. Ils ont même été blessés ensemble lors d'une expérience de laboratoire, où Bouchard a failli, lui aussi, perdre un œil. Bien qu'ayant dépassé la limite d'âge, l'aérostier est admis à l'École polytechnique, et c'est en tant qu'élève qu'il arrive en Égypte, dans la Commission des sciences et des arts. Après son examen de sortie au Caire, il est nommé, à 27 ans, lieutenant du Génie dans la ville de Rosette.

Pour construire un ouvrage de défense sur la rive gauche du Nil, Bouchard fait déblayer les fondations d'une ancienne forteresse égyptienne, datant du XVe siècle. Le 19 juillet donc, ses hommes découvrent un bloc de granit noir, de près de 1 mètre de hauteur, d'une largeur de 73 centimètres et d'une épaisseur de 27 centimètres, portant des textes gravés en trois écritures différentes. Sans doute avait-il été prélevé sur un monument, pour servir de matériau de construction. On le dégage et on en informe l'ingénieur des Ponts et Chaussées Michel-Ange Lancret, de passage à Rosette.

Le plus remarquable dans cette affaire n'est pas la découverte de la pierre, mais l'importance scientifique qui lui est immédiatement attachée. Dès la première heure, les Français ont le sentiment d'avoir mis la main sur un trésor. Le doit-on à Bouchard ? A son supérieur, Dhautpoul, dont la science n'a pas retenu le nom ? A Lancret ? Celui-ci écrit aussitôt à l'Institut d'Égypte, dont il a été élu membre deux semaines plus tôt, et Bouchard est chargé de transporter l'objet au Caire, sur un bateau qui remontera le Nil.

A son arrivée dans la capitale, la pierre de Rosette est entourée, scrutée, commentée. Savants et artistes passent des heures entières à s'interroger sur les trois textes. Le premier, amputé des deux tiers, est en caractères hiéroglyphiques. Le deuxième, qu'on a pris d'abord pour du syriaque, appartient au démotique, c'est-à-dire à l'écriture populaire de l'ancienne Égypte ; on apprendra un jour qu'il s'agit d'une écriture cursive, abrégée, apparue quelque 650 ans avant Jésus-Christ pour servir à la correspondance courante, puis aux décrets littéraires et religieux... Seul le troisième texte, comportant cinquante-quatre lignes en grec, peut être lu. Il s'agit d'un décret des prêtres de Memphis, qui rend les honneurs au pharaon lagide Ptolémée Épiphane, en 192 avant notre ère. A l'époque, en effet, des prêtres de diverses villes d'Égypte avaient l'habitude de se réunir, souvent à Memphis, et de promulguer des décrets. Ceux-ci étaient gravés en plusieurs langues et apposés sur les murs de différents temples. Tout laisse croire aux savants français que le document découvert à Rosette représente trois versions d'un même texte, les hiéroglyphes ayant été traduits en démotique pour que le peuple puisse les comprendre, et en grec à l'intention des Hellènes installés en Égypte.

Enfin un texte plurilingue ! Les membres de l'Institut sont persuadés que, grâce à la pierre de Rosette, le mystère de l'écriture égyptienne, indéchiffrable depuis le VIe siècle, pourra être levé. En attendant, le plus urgent est d'en faire des copies. Plusieurs dessinateurs sont prêts à s'y atteler, sachant que ce travail demanderait plusieurs semaines et manquerait de précision. On table plutôt sur l'ingéniosité des membres de la Commission des sciences et des arts, qui ne tardent pas à proposer plusieurs méthodes de reproduction.

L'imprimeur Marcel met au point pour la circonstance une technique baptisée « autographie ». Il commence par laver soigneusement le bloc de granit, puis l'essuie en le frottant doucement, de manière que les creux restent imbibés d'eau. Les surfaces saillantes de la pierre sont ensuite couvertes d'encre, et du papier humide y est appliqué. Dans l'épreuve obtenue, les lettres de l'inscription paraissent blanches sur un fond noir quand elles sont en creux, et noires sur un fond blanc quand elles sont en relief. Pour lire ce négatif, il suffit d'exposer l'empreinte devant un miroir, ou de présenter la feuille au jour et de lire à travers le papier. Réalisée le 24 janvier 1800, l'expérience réussit parfaitement.

Comme on pouvait s'y attendre, l'ingénieux Conté arrive avec une autre proposition. Il suggère d'appliquer à la pierre la technique de la chalcographie, c'est-à-dire de la traiter comme une plaque de cuivre gravée. Ce procédé donne des résultats encore meilleurs que le précédent, puisque les épreuves sont imprimées en noir sur fond blanc.

Le troisième système est dû au botaniste Raffeneau-Delile. Il s'agit tout simplement d'un moulage au soufre. C'est grâce à ce moulage que pourront être reproduites, dans la *Description de l'Égypte*, les inscriptions grecque et démotique. Quant au texte hiéroglyphique, il sera exécuté à partir d'un moulage en plâtre, qu'il faudra aller prendre… à Londres : la pierre de Rosette, confisquée par les Anglais au moment de la retraite française, se retrouvera en effet au British Museum. Elle y restera définitivement, avec l'indication suivante : « *Captured in Egypt by the British Army, 1801* »…

Comment lire un texte dont ni la langue ni l'écriture ne sont connues ? Tous les membres de l'Institut d'Égypte se creusent la tête, cherchant à résoudre la quadrature du cercle. Les orientalistes Raige et Marcel ont remarqué que, si l'inscription grecque compte cinquante-quatre lignes, l'inscription hiéroglyphique n'en a que trente-deux. Au compas, ils partagent les deux textes en divisions proportionnelles et tentent de retrouver dans le premier l'emplacement des noms propres qui figurent dans le second. « Ptolémée », par exemple, est cité onze fois. La pointe du compas confirme en effet qu'aux places indiquées se trouve un groupe de signes toujours identiques. Très bien, mais ensuite ? Les savants de Bonaparte se heurtent à un mur.

C'est en Europe, durant les années suivantes, que la pierre de Rosette va aider l'Anglais Thomas Young et, surtout, Jean-François Champollion à percer le mystère des hiéroglyphes. Ce dernier commencera par établir l'étroite parenté des différentes écritures égyptiennes. Puis il démontrera que les hiéroglyphes ne peuvent être de simples idéogrammes : comment exprimeraient-ils chacun une idée alors que pour 486 mots grecs la pierre de Rosette compte 1 419 hiéroglyphes ? Cette écriture, conclura-t-il, ne peut être ni idéographique, ni alphabétique, ni phonétique. A moins qu'elle ne soit tout cela à la fois…

Pour arriver à cette conclusion géniale, Champollion s'est servi de nombreuses copies de textes anciens. La pierre de Rosette n'aura été qu'un élément parmi d'autres. Élément d'ailleurs difficile à utiliser, compte tenu des lignes manquantes et du fait que ces hiéroglyphes datent de l'époque ptolémaïque, c'est-à-dire qu'ils sont surchargés d'une multiplicité de signes. Il s'agit quasiment d'une langue morte… Sans la pierre de Rosette, on aurait sans doute mis plus de temps à percer le mystère, mais on l'aurait percé quand même. Elle représente davantage un symbole du déchiffrement que la clé de l'énigme.

Le 27 septembre 1822, Champollion communique sa découverte à l'Académie des inscriptions et belles lettres. Les hiéroglyphes, suggère-t-il, sont une écriture à la fois figurative, symbolique et phonétique, exprimant tantôt des idées, tantôt des sons. Le voile est ainsi levé sur treize siècles de nuit absolue. Une nouvelle science est née. Pierre Bouchard n'en aura pas connaissance. Il est mort neuf semaines plus tôt, à 51 ans, d'une « longue et douloureuse maladie », après une vie pleine de difficultés, qui l'a conduit à participer à dix-huit campagnes militaires et à être fait cinq fois prisonnier. Poursuivi par la malchance, cet ingénieur-officier aura au moins associé son nom à une sacrée pierre !

D'Aboukir à Paris

La découverte de Rosette, en juillet 1799, est intervenue en pleine agitation militaire. Le chef mamelouk Mourad bey, redescendu en Basse-Égypte avec ses troupes, campe non loin du Caire. Du haut de la Grande Pyramide, il fait envoyer des messages à son épouse, l'influente dame Nefissa, restée dans la capitale et postée sur sa terrasse… On expédie aussitôt des unités pour le combattre. Il se replie dans la région du Fayoum.

Beaucoup plus grave est le débarquement de troupes ottomanes à Aboukir, le 14 juillet. Dès qu'il apprend la nouvelle, Bonaparte réunit tout ce qu'il peut de soldats et fonce vers le nord. L'attaque a lieu à l'aube du 25 juillet. Cette fois, pas de formation en carré. Dans une charge de cavalerie qui restera célèbre, Murat enfonce les lignes ottomanes. Légèrement blessé d'un coup de pistolet par Moustapha pacha, le chef des forces adverses, il le blesse à son tour, lui emportant deux doigts de la main droite à coup de sabre, puis le fait prisonnier. Murat est promu général de division sur le champ de bataille. Attaqués de tous côtés, les soldats turcs se jettent à la mer pour essayer de rejoindre leurs navires à la nage. Ils auront un nombre incalculable de noyés. « On n'aperçut bientôt plus sur les flots que plusieurs milliers de turbans et de châles que la mer jeta sur le rivage », se souviendra Napoléon à Sainte-Hélène.

Kléber, arrivé après la bataille, est transporté d'enthousiasme. Oubliant toutes ses préventions envers Bonaparte, il se jette dans ses bras. « Général, vous êtes grand comme le monde, et il n'est pas assez grand pour vous ! » Aboukir efface Aboukir et fait oublier l'échec de Saint-Jean-d'Acre. Bonaparte peut maintenant se permettre de rentrer en France, comme il en brûle d'envie. Le Directoire se débat dans des difficultés militaires, l'Italie a été perdue, le Rhin est menacé. Et, surtout, le pouvoir est à prendre.

Le général en chef rentre au Caire le 11 août. A l'Institut d'Égypte, une rumeur commence à courir. Geoffroy Saint-Hilaire, croisant Bonaparte, lui demande s'il n'aurait pas « quelque occasion » lui permettant de faire parvenir un manuscrit à Daubenton, en France. « Donnez, dit Bonaparte. J'en ai une très sûre, votre mémoire arrivera à son adresse. » Flairant lui aussi quelque chose, le poète Parseval Grandmaison renonce au voyage qu'il devait faire en Haute-Égypte, pour être prêt, au cas où… Ne dit-on pas que deux frégates viennent d'être armées à Alexandrie et que l'on est en train d'emballer les drapeaux turcs pris à Aboukir ?

Monge et Berthollet, sachant que le général en chef entend les emmener en France, ont du mal à cacher leur joie. Le mathématicien, en particulier, « babille pour des riens », selon l'un de ses collègues. Signe qui ne trompe pas : il a offert tous ses livres et manuscrits à la bibliothèque de l'Institut, et sa provision de vin à Conté. Mais Costaz et Fourier ne veulent pas admettre que Bonaparte puisse quitter l'Égypte en y abandonnant son armée et ses savants. Ils vont vite se rendre à l'évidence.

Le 10 août, à 10 heures du soir, la berline de Bonaparte vient chercher « Mongéberthollet » à l'Institut. Les deux savants quittent précipitamment le réfectoire pour aller faire leurs malles. Berthollet redescend le premier, sans un mot, l'air morne et contrit. Aux questions qu'on lui pose il fait des réponses insignifiantes, du genre : « Je ne sais rien de la bouche du général. » Monge arrive à son tour, le nez dans ses souliers. « Eh bien, citoyen Monge, lui lance Costaz, faisant allusion au voyage projeté en Haute-Égypte, tiendrons-nous séance sur les ruines de Thèbes ? » Le mathématicien bafouille quelque chose. « Passerez-vous par Damiette ? » demande Parseval. « Je ne sais rien, répond Monge, je crois que nous allons dans la Basse-Égypte. » Puis, dans un murmure : « Le général va trop vite dans ses expéditions. »

Les deux savants sortent dans la rue et montent en voiture. Costaz et Fourier les y rejoignent, inquiets : que se passe-t-il ? Que faut-il dire aux autres savants et artistes ? « Mes amis, leur lance Monge, si nous partons pour la France, nous n'en savions rien aujourd'hui avant midi. » Et la berline s'élance vers le quartier général, où Pauline Fourès, déguisée en hussard, est venue saluer son illustre amant. Là, si l'on en croit Geoffroy Saint-Hilaire, malgré la fièvre des préparatifs, Bonaparte entraîne Monge dans une discussion philosophique sur les sciences. « Jeune, dit-il, je m'étais mis dans l'esprit de devenir un inventeur, un Newton. » Le mathématicien lui oppose alors le mot de son confrère Lagrange : « Nul n'atteindra à la gloire de Newton, car il n'y avait qu'un monde

à découvrir. » Bonaparte s'insurge contre cette affirmation et, dans un éclair de génie, réplique : « Newton a résolu le problème du mouvement dans le système planétaire ; c'est magnifique pour vous autres, gens d'esprit et de mathématiques ; mais que moi j'eusse appris aux hommes comment s'opère le mouvement qui se communique et se détermine dans les petits corps, j'aurais résolu le problème de la vie et de l'univers… Le monde des détails reste à chercher. »

Cette discussion irréelle, alors que se joue le sort du futur maître de l'Europe, est interrompue par un aide de camp. Peu après, les voyageurs sont appelés à monter dans les voitures qui doivent les conduire au port de Boulaq, sur le Nil. Bonaparte emmène avec lui plusieurs généraux (Andréossy, Berthier, Lannes, Marmont, Murat), sa garde personnelle, ainsi que Monge, Berthollet et Vivant Denon.

La petite troupe arrive sur la côte méditerranéenne le 22 août. Elle embarquera à la nuit tombée. Deux frégates, accompagnées de trois bâtiments d'escorte, attendent entre Alexandrie et Aboukir. Elles sont prêtes à lever les voiles, quand un modeste bateau cingle vers la *Muiron*, transportant un Français : c'est le poète Parseval Grandmaison, qui est arrivé de son côté, avec ses malles. Bonaparte refuse de le laisser monter. Cramponné au porte-haubans, selon un témoin, le versificateur répond à tous les ordres de s'éloigner par des prières insistantes. Monge et Berthollet interviennent en sa faveur. Le général en chef finit par fléchir : Parseval est admis sur l'autre frégate, la *Carrère*. En revanche, le responsable des lazarets, Blanc, qui était monté clandestinement à bord de la *Muiron* – où se trouve… le chameau ayant porté le vainqueur des pyramides –, sera reconduit à Alexandrie.

A quoi songe Bonaparte, en cette nuit noire, tandis que la

fragile flottille s'éloigne lentement de la côte ? « Ce temps que j'ai passé en Égypte a été le plus beau de ma vie, car il en a été le plus idéal », confiera-t-il quelques années plus tard à Mme Rémusat. Avec cette explication : « En Égypte, je me trouvais débarrassé du frein d'une civilisation gênante. Je rêvais toutes choses et je voyais les moyens d'exécuter tout ce que j'avais rêvé. Je créais une religion, je me voyais sur le chemin de l'Asie, parti sur un éléphant, le turban sur ma tête et dans ma main un nouvel Alcoran que j'aurais composé à mon gré… »

L'ex-sultan, tourné de nouveau vers l'Europe, a la *baraka*. Échappant une fois de plus aux Anglais, il débarque à Ajaccio le 28 septembre, est acclamé à Fréjus le 9 octobre et fait un triomphe à Paris le 16. Une semaine plus tard, il reprend son siège à l'Institut national et participe, avec Laplace, à une commission sur « les équations aux différences mêlées ». Le 27 octobre, il présente à ses collègues quelques travaux réalisés en Égypte : les fouilles d'Alexandrie, la découverte de la pierre de Rosette et l'étude du percement de l'isthme de Suez. Avant la fin de l'année, il sera Premier Consul…

Kléber, qui n'était pas dans le secret, a appris avec fureur le départ clandestin de Bonaparte. Le voilà général en chef d'une armée d'Orient en grande difficulté financière, à laquelle il ne voit aucun avenir, malgré la victoire d'Aboukir. Faute de renforts massifs – mais la France est-elle désireuse, et en mesure, de les fournir ? –, l'Égypte lui paraît perdue.

L'Institut, pour sa part, est assommé. Il se trouve brusquement privé de sept de ses membres (Andréossy, Berthollet, Bourrienne, Denon, Monge, Parseval et… Bonaparte), après en avoir perdu quelques autres en Syrie. Le soir de la fuite de « Mongéberthollet », plusieurs savants et artistes veulent annuler le voyage prévu en Haute-Égypte. Jomard évoque

« les plaintes des uns, la résignation des autres, l'abattement de tous ». Le lendemain, pourtant, il est décidé que le travail doit continuer : on remontera le Nil jusqu'aux cataractes. Une autre aventure commence.

8

La féerie et l'enchantement

Les cartons à dessins rapportés de Haute-Égypte par Vivant Denon ont tourné la tête aux Français du Caire. Et la découverte de la pierre de Rosette n'a fait qu'attiser leur curiosité. N'est-ce pas vers le sud qu'il faut aller pour comprendre la civilisation pharaonique ? L'une des dernières mesures prises par Bonaparte avant son retour clandestin en France a été la création de deux commissions, d'une douzaine de membres chacune, chargées d'explorer la Haute-Égypte. Dirigées par des géomètres – Louis Costaz pour l'une et Joseph Fourier pour l'autre –, elles sont pluridisciplinaires, selon la bonne habitude de l'Institut. On y trouve aussi bien des ingénieurs (Arnollet, Chabrol, Lancret) que des architectes (Lepère), des géographes (Coraboeuf, Jomard), des astronomes (Méchain, Nouet), des zoologistes (Geoffroy Saint-Hilaire, Savigny), des botanistes (Coquebert, Delile), des mécaniciens (Cécile, Coutelle) ou des artistes (Ripault, Villoteau). Les deux commissions partent du Caire le 20 août 1799.

Mais tout ce monde est devancé par deux jeunes polytechniciens, Prosper Jollois, 23 ans, et Édouard de Villiers du Terrage, 19 ans, que les hasards de l'hydraulique vont conduire vers l'archéologie. Collègues et bientôt amis très chers, ces deux inséparables, qui se vouvoient encore, succèdent en quelque sorte à Monge et Berthollet, partis d'Égypte avec Bonaparte. Un saut de génération : à eux deux, les ingénieurs ont à peine l'âge du mathématicien ou du chimiste…

De Villiers du Terrage (souvent appelé Devilliers en cette période post-révolutionnaire) est le fils d'un premier commis des Finances condamné à mort sous la Terreur et qui a sauvé sa tête de justesse. Le jeune Édouard, orphelin de mère, s'est retrouvé en pension, avant d'être pris en charge par un oncle qui lui a permis d'entrer à l'École polytechnique. Il a passé ses examens de sortie au Caire et rejoint Prosper Jollois dans le corps des Ponts et Chaussées.

Le 18 mars 1799, par une lettre comminatoire, Villiers est convoqué pour un voyage : « Je vous préviens, citoyen, que le jour de notre départ pour la Haute-Égypte vient d'être fixé à demain… » Il doit se rendre à Guiza à 9 heures du matin pour se joindre à un convoi militaire, muni de provisions et de quelques outils de travail : « quatre mains de papier ; quatre bâtons de colle à bouche ; six crayons ». Cette convocation, qui se termine par un très formel « Salut et fraternité », est signée Girard, ingénieur en chef des Ponts et Chaussées.

Pierre Simon Girard, que Villiers ne va pas tarder à prendre en grippe, est chargé de remonter le Nil jusqu'à la première cataracte, d'étudier les moyens de mieux utiliser les eaux du fleuve dans l'agriculture et de préparer un plan général du système hydraulique du pays. Il sera accompagné de sept jeunes ingénieurs et d'un artiste, le sculpteur Jean-Jacques Castex.

On embarque à bord de gros bateaux à voile, auxquels il arrive de s'immobiliser pendant des heures, faute de vent. Les deux rives du fleuve offrent un paysage continuellement changeant : les hauteurs de la chaîne arabique contrastent avec des terrains de culture, traversés par une multitude de canaux. Par moments, le Nil, bordé de bancs de sable, atteint 2 kilomètres de largeur.

La commission n'arrive à Assiout que le 29 mars. Installée en dehors de la ville, sous des tentes, elle commence ses travaux, tandis que les militaires engagent plusieurs combats avec les mamelouks. Un matin, Jollois et Villiers partent sans escorte – et sans autorisation – en compagnie d'un guide indigène, qui leur promet monts et merveilles. Au bout de plusieurs heures de marche, ils ne verront que des catacombes chrétiennes. Ce n'était pas ce qu'ils cherchaient, mais ce voyage interdit leur donne un avant-goût de l'Antiquité…

La commission procède à des calculs hydrauliques jusqu'au 18 mai, puis lève le camp pour continuer sa route vers le sud. Les eaux du Nil étant trop basses, il faut emprunter la voie de terre. Villiers, comme ses camarades, souffre d'ophtalmie. Dans cette marche pénible, il est contraint de conduire sa jument les yeux bandés, ce qui lui vaut une chute mémorable en traversant la cuvette desséchée d'un canal. Il en sera quitte pour un pouce meurtri…

Le zodiaque de Dendera

Le 25 mai, la commission s'établit à Qena. Les jeunes ingénieurs y rencontrent Vivant Denon, qui leur montre un croquis du zodiaque de Dendera. Ce bas-relief étonnant se trouve dans le temple, situé en face de la ville, sur l'autre rive du Nil. Jollois et Villiers obtiennent du général Belliard une escorte pour aller sur place. Ils s'en passeront les jours suivants, malgré l'interdiction de s'éloigner seuls : chaque matin, un batelier leur fait traverser le fleuve et les attend jusqu'au soir pour les raccompagner au camp.

Partiellement enfoui dans le sable et encombré de débris de briques, le temple les fascine, comme il a fasciné Denon. « Il semble que l'on ait été transporté tout à coup dans un lieu de féerie et d'enchantement », écrit Villiers dans son journal. Le zodiaque, pour eux, est moins une curiosité qu'un moyen de comprendre les connaissances astronomiques des anciens Égyptiens. Encore faut-il pouvoir le reproduire avec précision. Placé dans une petite chambre, ce plan circulaire du ciel occupe un plafond noirci, dans une obscurité presque complète. Pour en apercevoir les détails, il faut garder la tête renversée, de longs moments, à la lueur de torches.

Au premier abord, le tableau sculpté apparaît confus. L'œil ne sait où se poser. De multiples figures, de tailles inégales, occupent la circonférence, parmi les signes du zodiaque et les hiéroglyphes. Mais, en regardant mieux, on s'aperçoit que tous les personnages sont placés de telle manière qu'ils paraissent marcher et tourner dans le même sens. Les signes du zodiaque avancent eux aussi dans cette procession céleste, mais en spirale.

Comment établir exactement les positions des différentes figures ? Comment être meilleurs que Vivant Denon ? A l'École polytechnique, la moitié des cours sont consacrés au dessin. Jollois et Villiers ne sont pas passés à Polytechnique pour rien. Avec méthode, ils divisent le zodiaque en huit secteurs égaux par des fils tendus au plafond et décident de travailler à l'échelle d'un cinquième. Leur dessin, reproduit dans la *Description de l'Égypte*, apparaîtra infiniment plus précis que celui de Denon. Il pourra être comparé plus tard à la pièce elle-même, enlevée en 1821 par un antiquaire français et exposée au musée du Louvre : on n'y relèvera que quelques inexactitudes, bien excusables.

Le 17 juin, Villiers envoie une lettre en forme d'appel au secours à son ami Ripault, rentré au Caire : « Si vous ne nous envoyez pas de crayons, mon cher ami, nous ne pourrons rien vous montrer de notre voyage. Tous les nôtres sont usés ; nous sommes au désespoir. Parlez à Conté qui doit en avoir fait… » Les crayons mettront beaucoup de temps à arriver. D'ici là, les deux ingénieurs en auront fabriqué eux-mêmes, avec des balles de fusil fondues et coulées dans des roseaux.

Les jeunes membres de la commission se heurtent à leur chef, Girard, qui leur reproche de « faire des hiéroglyphes ». L'un d'eux, Dubois-Aymé, se montre particulièrement impertinent, ce qui lui vaut un exil de deux mois à Qosseir, sur la mer Rouge. Villiers lui écrit le 8 juillet : « Notre voyage aurait été mille fois plus agréable sans Girard. Je vous le dénonce comme n'aimant pas les antiquités. Il a été quatre heures à Denderah et en a dormi trois. »

Les apprentis archéologues ne peuvent passer que vingt-quatre heures à Thèbes, mais se promettent d'y revenir dès que possible. Une belle surprise les attend un peu plus au sud, à Esna. Ayant réussi à accéder au temple, obstrué par des décombres et des immondices, ils tombent sur le portique aux vingt-quatre colonnes, dont les chapiteaux sont composés de feuilles de palmier et de lotus. Cette merveille architecturale les trouble profondément, car elle ne correspond en rien aux canons de la beauté classique. Villiers du Terrage exprime bien leurs sentiments : « Nous étions saisis d'une certaine admiration confuse que nous n'osions en quelque sorte avouer et, jetant alternativement les yeux sur le monument et sur nos compagnons de voyage, chacun de nous cherchait à s'assurer qu'il s'était trompé par sa vue ou par son esprit, s'il avait tout à coup perdu le goût et les principes qu'il avait prisés dans l'étude des monuments grecs… Cette lutte de beauté réelle de l'architecture, que nous avions sous les yeux, contre nos préjugés en faveur des proportions et formes grecques, nous tint quelque temps en suspens : mais bientôt nous fûmes entraînés par un mouvement unanime d'admiration. »

Les jeunes Français sont arrachés à leurs rêves par une lettre de Girard, l'ingénieur en chef, leur enjoignant de procéder d'urgence à des calculs pour mesurer la vitesse du fleuve. Ils s'acquittent de cette tâche aussi vite que possible mais, parallèlement, dessinent et étudient les monuments anciens, ce qui leur vaut des réprimandes de leur supérieur. Le conflit éclate franchement quand Girard veut les empêcher de poursuivre le voyage jusqu'à Assouan. Les polytechniciens s'indignent et font valoir qu'ils ont accompli scrupuleusement le travail qui leur avait été confié. Ils trouvent un avocat en la personne du général Belliard – « vrai ami des arts », selon Villiers – et peuvent pousser leur exploration plus au sud.

Le 13 juillet, en pleine chaleur, ils arrivent à Assouan. Cette ville commerçante, bâtie autour de rochers de granit, s'avance jusqu'au milieu du Nil. Les habitants, qui ne disposent pas de barques, franchissent le fleuve sur des troncs de sycomores ou de palmiers, parfois même sur de simples bottes de jonc, en se servant de leurs mains comme de rames. Les jeunes ingénieurs visitent à trois reprises l'île de Philae. Ils dessinent, entre autres, le temple d'Isis, sur lequel le sculpteur Castex grave pour l'Histoire un texte célébrant la conquête française de l'Égypte.

Dans les ruines de Thèbes

Redescendant le Nil, à partir du 26 juillet, Jollois et Villiers s'arrêtent successivement à Kom Ombo, Edfou et Esna. Leur carton à dessins grossit à chaque étape. Ils s'établissent enfin à Thèbes le 9 août, pour y travailler pendant plusieurs semaines. Ayant décidé de lever les plans du plus grand nombre de monuments possible, ils vivent dans l'enthousiasme, avec le sentiment d'accomplir une œuvre essentielle. « Nous éprouvions quelque plaisir à penser que nous allions transporter dans notre patrie les produits de l'antique science et de l'industrie des Égyptiens ; c'était une véritable conquête que nous allions essayer au nom des arts », écrit Villiers du Terrage. A partir de ce moment, trop « occupé d'antiquités », il cesse de tenir régulièrement son journal. « Mes dessins, souligne-t-il, devaient suffire à mes souvenirs. »

Les deux ingénieurs logent dans une petite maison villageoise, près de Médinet-Habou, sur la rive gauche du Nil. Une demi-douzaine de soldats les protègent dans ce lieu isolé où, chaque jour au réveil, on relève les traces des cavaliers mamelouks passés dans la nuit. Un matin, alors qu'il se trouve seul dans la maison avec un soldat de garde, Villiers voit apparaître une troupe de cavaliers bédouins. Il croit sa dernière heure arrivée. Mais c'est un détachement de dragons, précédé de ses domestiques indigènes, venu prendre des nouvelles…

Pour la première fois, des ingénieurs font irruption dans le monde de l'archéologie égyptienne. Jollois et Villiers ne sont pas des collectionneurs, amateurs de curiosités. Ils n'ont rien à voir avec les « antiquaires », qui s'intéressent à des objets isolés. Leur souci est de mesurer, quantifier, replacer chaque monument dans son contexte historique et culturel. S'ils observent par exemple les inscriptions des anciens voyageurs sur les colosses de Memnon, c'est pour mesurer l'exhaussement du Nil depuis la période romaine.

Cette approche des sites est à la fois scientifique et globale. Ainsi se font-ils tour à tour topographes, géomètres et architectes. Le monument est d'abord situé géographiquement, puis mesuré, représenté par des plans, des coupes et des perspectives. On étudie les procédés de construction, comme les matériaux utilisés, observant aussi bien les joints entre les blocs que la régularité des assises. Derrière la pierre, on voit l'outil ; et derrière l'outil, on cherche l'ouvrier. Quitte à ne pas le trouver : pour reproduire les bas-reliefs, les jeunes Français copient des centaines de hiéroglyphes, aussi fidèlement que possible, sans en comprendre la signification.

Ni la chaleur ni l'insécurité ne les décourage. « Combien de fois, écrit Villiers, ne nous est-il pas arrivé d'entreprendre des courses longues et pénibles dans la seule vue de découvrir de nouveaux monuments et d'interroger quelques débris éloignés ! Combien de fois, emportés par cette passion, n'avons-nous pas parcouru les plaines de Thèbes, au risque d'y être assassinés par les Arabes ! »

Depuis l'Antiquité, onze tombes ont été repérées dans la vallée des Rois. Les ingénieurs en découvrent une douzième lors de leurs pérégrinations au milieu de ces vallées désertiques. Elle est composée de dix chambres, aux parois couvertes de hiéroglyphes. Le sarcophage a disparu ; ne subsistent que son couvercle, de granit rouge, ainsi que divers objets, rendus méconnaissables par une épaisse couche de fiente de chauves-souris. Ils les transportent jusqu'au Nil pour les laver. Des cartouches gravés apparaissent. Ce sont ceux d'Aménophis III, mais on ne le saura qu'un quart de siècle plus tard, lorsqu'on commencera à déchiffrer l'écriture des anciens Égyptiens...

Ayant exploré tous les monuments visibles de la rive gauche, Jollois et Villiers vont s'établir de l'autre côté du fleuve, à Louxor. Ce bourg misérable ne compte pas plus de 3 000 habitants, mais son marché accueille chaque semaine les fellahs des villages voisins. Sa seule industrie est un four où l'on fait éclore artificiellement une quantité prodigieuse de poulets.

A l'entrée du temple de Louxor, les ingénieurs ne manquent pas d'admirer les deux obélisques de granit. Ils notent « avec regret » que les monolithes ne sont pas exactement de la même hauteur. Un défaut de construction ? Ils s'aperçoivent que, pour masquer cette dissemblance, l'architecte égyptien a prévu des socles inégaux et fait en sorte que le plus petit obélisque soit placé légèrement en avant de l'autre.

Le village et les ruines de Louxor se confondent dans un même monticule de décombres, qui mesure 700 mètres de long. De grosses pierres taillées émergent du sol. Jollois et Villiers commencent par les prendre pour des restes de fondations. Mais des portions de chapiteaux les intriguent. C'est en pénétrant dans les maisons qu'ils découvrent des colonnes en partie dégagées. Ils se rendent compte alors à quel point le temple est enfoui : les habitations, les étables, l'école et la mosquée qui ont poussé sur ces décombres sont à la hauteur des architraves de la galerie supérieure !

Le 23 septembre, la fête de la République est célébrée en grande pompe dans le temple de Louxor. Le général Belliard harangue ses soldats au milieu des ruines majestueuses. La troupe lui répond par des cris d'allégresse, faisant résonner ces pierres pour la première fois depuis de longs siècles…

Mais les ruines de Louxor ne sont rien à côté de celles de Karnak. Quand Jollois et Villiers pénètrent pour la première dans la salle hypostyle, encombrée d'énormes débris, ils ont le souffle coupé. Cent trente-quatre colonnes les écrasent de leur masse colossale. Quelques-unes parmi les plus importantes, faisant 10 mètres de circonférence, ont perdu leur aplomb. Les ingénieurs l'attribuent au manque de fermeté du terrain, pénétré par les eaux d'inondation. Puis, après avoir parcouru ces ruines dans tous les sens, ils arrivent à la conclusion que toutes les colonnes, minées à la base, s'écrouleront un jour, entraînant dans leur chute les architraves et le reste du plafond. La catastrophe surviendra en effet un siècle plus tard, le 3 octobre 1899, sous les yeux désolés d'un égyptologue français, Georges Legrain…

Jollois et Villiers ne se contentent pas de dessiner minutieusement ce qu'ils voient, mais tentent de comprendre et d'analyser. Ils découvrent par exemple que la construction du premier pylône de Karnak n'a pas été achevée ; ou encore que l'effondrement du deuxième pylône a été dû non pas à un tremblement de terre, mais à un vice de construction.

Au-delà d'une simple étude architecturale, ils cherchent à pénétrer cette civilisation dont la langue leur est indéchiffrable. Ils ne disposent, pour toute documentation, que des textes des auteurs grecs de l'Antiquité. Comment ne commettraient-ils pas d'erreurs d'interprétation ? Ils prennent les temples pour des palais et, emportés par l'enthousiasme, laissent courir leur imagination : « Les souverains qui habitaient ce palais, écrit Villiers, passaient sans doute leurs journées dans les salles hypostyles et les péristyles où l'on circulait avec liberté et où l'on était à l'abri de la chaleur ; ils se retiraient en particulier dans les appartements de granit… »

Un travail interdisciplinaire

Lorsque les commissions dirigées par Costaz et Fourier arrivent en Haute-Égypte, elles constatent l'ampleur du travail effectué par les jeunes polytechniciens. Refera-t-on ce qui a déjà été fait ? Sagement, il est décidé plutôt de se répartir les tâches restantes, dans les différents sites et villes de la région.

Chacun – ingénieur, géomètre, architecte, peintre ou naturaliste – choisit des activités en fonction de ses compétences ou de ses goûts. La hiérarchie cède la place au travail d'équipe, et l'interdisciplinarité s'installe naturellement. Il arrive que l'on oublie sa spécialité pour mettre la main à la pâte. Pour reproduire par exemple les scènes de batailles figurant sur le mur nord du temple de Karnak, tout le monde dessine, y compris des ingénieurs militaires.

Nectoux, l'agronome, abandonne provisoirement ses compagnons pour aller trouver ce qu'il cherche fébrilement depuis des mois : du séné sauvage sur pied. Avec une petite escorte, à dos de dromadaire, il pénètre en Nubie, poussant jusqu'à Debod. Aucun autre Français n'était descendu aussi loin. C'est dans cette très haute Égypte qu'il découvre enfin, avec une grande émotion, la fameuse plante, à laquelle sont attribuées des vertus médicinales…

Après Vivant Denon, après Jollois et Villiers du Terrage, l'ingénieur Jean-Marie Coutelle, membre de la commission Costaz, tombe en admiration devant les deux obélisques de Louxor. Il fera, un an plus tard, à l'Institut d'Égypte, une communication originale sur le moyen de transporter en France l'un de ces monolithes, « suivi de son rêve de la nuit précédente ». Cet homme de 51 ans, qui a été naguère précepteur de physique du comte d'Artois, puis commandant de la 1re compagnie d'aérostiers, mêle en effet songe et réalité. Évaluant le poids de l'obélisque à 250 tonnes, il propose tout un système pour l'abattre, puis le retenir par un tas de sable et le faire glisser sur des madriers graissés, afin de l'amener jusqu'au Nil, où l'attendent trois barques liées entre elles, que la crue hissera à niveau. Dans son rêve, Coutelle imagine que les Anglais prendront cet engin pour une batterie flottante et, apeurés, le laisseront passer en Méditerranée… Une trentaine d'années plus tard, on s'y prendra de manière assez voisine pour transporter l'obélisque à Paris…

Face à Louxor, les tombes de la vallée des Rois réservent de grandes joies aux savants et artistes. Costaz, qui croyait avoir tout vu et commençait à donner des signes de fatigue, n'en croit pas ses yeux : « J'éprouvai une sorte de saisissement ; mon âme fut vivement ébranlée. Ma curiosité, prête à s'éteindre, se ranima et reprit son ardeur première. »

Le géomètre Jomard, l'ingénieur Chabrol, le musicologue Villoteau et le pharmacien Rouyer passent des journées entières à fouiller ces tombes, dont les trésors ont été pillés au cours des siècles. « Ardents à la recherche, on les voyait traîner au grand jour tantôt des momies entières, tantôt quelques lambeaux dégradés, raconte l'un des auteurs de *L'Histoire scientifique et militaire* de l'Expédition. Ils fouillaient sous ces bandelettes, dans ces sarcophages, au fond de ces puits obscurs, cherchant à lire dans ces débris humains les choses des anciens temps, désespérés de sortir de ces cryptes sans leur arracher de plus complète révélation. »

La curiosité de Jomard risque de lui coûter cher. Le 13 octobre, à 5 heures de l'après-midi, il pénètre dans une tombe en compagnie d'un collègue. Les deux hommes, munis chacun d'une bougie, sont déjà bien engagés à l'intérieur de ce labyrinthe lorsqu'ils rencontrent un puits d'une dizaine de mètres de profondeur. Pour le traverser, ils sont obligés de s'asseoir sur le bord en s'avançant sur les mains. Et ils reprennent leur route. Soudain, un vol de chauves-souris éteint leurs bougies. Surpris par l'obscurité, ils ne savent que faire. L'un frappe des mains ; l'autre appelle au secours en poussant des cris aigus. Seul l'écho leur répond. Ils répètent plusieurs fois leurs appels, dans un silence effrayant que vient rompre de temps en temps un sifflement de chauves-souris…

Jomard et son camarade décident alors de se donner la main et de marcher accroupis, lentement, en touchant toujours un des côtés de la galerie, sans savoir si ce mur peut les ramener vers la sortie ou les conduire au plus profond de la tombe. L'un d'eux signale tout à coup un vide. Est-ce le puits de tout à l'heure, ou un autre ? Et, d'ailleurs, comment le traverser ? Le cœur battant, ils s'asseyent sur le bord, les jambes suspendues dans le vide, et avancent très lentement, en retenant leur souffle. Le puits est franchi, et ils recommencent à avancer, sans être sûrs de la direction. Au bout d'un moment, ils croient apercevoir une lueur. Illusion d'optique ? Ils avancent un peu plus vite. La lueur se renforce. Pas de doute : c'est la sortie. L'un des deux Français se met à courir, courir, sans pouvoir s'arrêter... Leur calvaire a duré presque une heure.

C'est en pénétrant dans une autre tombe que l'ingénieur Alexandre Saint-Genis fait une découverte bouleversante : il aperçoit pour la première fois, sur les parois, non plus des dieux, des pharaons, des prêtres ou des soldats, mais des gens ordinaires en train de chasser, pêcher, semer leurs champs ou cuisiner. Tout le monde accourt pour voir ces tableaux de la vie quotidienne. Même des savants et artistes qui se trouvaient à Esna, distante de 25 kilomètres, font le voyage pour venir admirer et dessiner ces merveilles.

La moisson est immense. Savants et artistes ont recueilli des notes, des dessins, des papyrus, des statuettes, des momies... Ils peuvent maintenant quitter Thèbes pour regagner Le Caire par petites étapes. Le 12 octobre 1799, une semaine avant le départ, Joseph Fourier écrit à Kléber : « Nous sommes au milieu des temples et des palais construits par un des peuples les plus extraordinaires qui aient existé. » Encore sous le choc de tout ce qu'il a vu, le secrétaire perpétuel de l'Institut d'Égypte ne cache pas les sentiments contradictoires qui l'assaillent : « Au milieu de tant d'objets qui attirent l'attention, on est frappé de la bizarrerie des ornements, des méthodes imparfaites de constructions, de la profusion des hiéroglyphes, de la grossièreté des peintures, de l'emploi inutile des forces et de l'énormité des masses. On y retrouve sans peine le même peuple qui a bâti les pyramides. Enfin, il y a un tel mélange de grossièreté et d'habileté que l'on peut, presque à son gré, soutenir que les ouvrages des Égyptiens sont monstrueux ou qu'ils sont sublimes. »

Fourier précise à Kléber que, en réunissant le travail de tous ces savants et artistes, on aurait matière à faire « un ouvrage complet sur l'Égypte ». L'idée d'une entreprise commune commence à faire son chemin. Déjà, certains pressentent que cette œuvre sera exceptionnelle, bien supérieure à tout ce qui a pu être réalisé jusqu'ici sur l'Antiquité grecque ou romaine.

9

L'Égypte au peigne fin

Dans les instructions qu'il avait laissées à son successeur, Bonaparte l'engageait à rapatrier la Commission des sciences et des arts en novembre de cette année 1799, quand elle aurait terminé ses travaux en Haute-Égypte. Les travaux sont bien terminés, mais Kléber estime ne pas avoir les moyens matériels de renvoyer les savants et artistes en France. Le souhaite-t-il, au demeurant ? Ne va-t-on pas lui reprocher de s'être débarrassé de ces civils ?

Écrivant à l'un de ses correspondants, Geoffroy Saint-Hilaire gémit : « Les pauvres savants du Caire ont donc été emmenés en Égypte pour qu'on puisse lire dans l'histoire de Bonaparte une ligne d'éloge de plus, et ils sont retenus pour qu'on ne retrouve pas dans celle de Kléber un reproche. » Le 27 novembre, dans une lettre à Cuvier, le naturaliste fait état d'un regain d'animosité de l'armée à l'égard des civils : « Nous sommes accueillis partout par la défaveur et le ridicule. Bonaparte avait su contenir son armée à notre égard et nous consolait des déboires à essuyer en nous disant que si les militaires plaisantaient les savants, ils les estimaient. Aujourd'hui, il ne nous reste plus qu'à nous envelopper dans nos manteaux… »

Geoffroy Saint-Hilaire broie du noir, mais savants et artistes ont de l'estime pour Kléber, à qui ils proposent un siège à l'Institut d'Égypte. Jouant les modestes, le général en chef refuse, déclarant ne pas voir dans quelle « classe » on pourrait le mettre. Mais chacun sait qu'il a été architecte dans les années 1780, réalisant entre autres un pavillon « égyptien » dans la résidence des princes de Montbéliard... Il finit par accepter : « Mettez-moi dans la classe des arts, c'est dans celle-là que je m'y entends le moins mal. »

Élu le 10 novembre, Kléber prend aussitôt deux initiatives importantes. La première est la réunion des travaux de tous les savants et artistes en vue d'une publication collective. Dans une lettre au Directoire, il explique que les intéressés ont formé une association et trouvé les moyens de subvenir aux frais de la publication. Un projet de société commerciale a été élaboré, en effet, avec la participation d'un négociant français présent en Égypte, Antoine Hamelin.

Geoffroy Saint-Hilaire écrit à Cuvier le 27 novembre : « Il arrivera que l'ouvrage de la Commission des arts excusera aux yeux de la postérité la légèreté avec laquelle notre nation s'est, pour ainsi dire, précipitée en Orient. En déplorant le sort de tant de braves guerriers qui, après tant de glorieux exploits, ont succombé en Égypte, on se consolera par l'existence d'un ouvrage aussi précieux. » Paroles prémonitoires...

La deuxième initiative prise par Kléber est la création d'une commission d'étude sur l'Égypte moderne, venant s'ajouter à celles qui explorent l'Antiquité. Ce sera un vaste état des lieux, qui ne laissera dans l'ombre aucun domaine. On dispensera ainsi « les générations futures de chercher, sous les ruines des siècles et dans une mer de conjectures, ce que fut l'Égypte à l'époque où les Français passèrent de la monarchie au gouvernement républicain ».

Pour entreprendre l'étude de l'Égypte moderne, un bureau de neuf membres est constitué. Il crée à son tour dix commissions, chargées chacune d'un domaine : législation, usages civils et religieux ; administration ; police ; gouvernement et histoire ; état militaire ; commerce et industrie ; agriculture ; géographie et hydraulique ; histoire naturelle des habitants ; monuments et costumes. Rien n'est oublié dans ce plan de bataille : ni le voyage annuel de la caravane de La Mecque, dont se chargera la première commission, ni les relations de l'Égypte avec l'Afrique, sur lesquelles se penchera la quatrième…

Une société à la loupe

Nombre de travaux ont déjà été réalisés ou sont en cours. Par exemple, Girard, ingénieur en chef des Ponts et Chaussées, a rapporté une remarquable étude de son voyage dans le Sud. Tandis que ses collaborateurs Jollois et Villiers « faisaient des hiéroglyphes », ce personnage un peu raide rassemblait un matériel impressionnant sur la géographie physique et économique de la Haute-Égypte. Son mémoire, présenté à l'Institut, analyse en détail l'état de l'agriculture, examine chaque produit de la terre, le régime de la propriété et de l'impôt, l'industrie et le commerce, avant de « proposer les moyens de rendre à cette contrée son ancienne fertilité et d'y établir des communications qui la fassent devenir encore une fois l'entrepôt des richesses de l'Inde ». Plusieurs travaux d'irrigation qu'il envisage verront le jour dans le courant du XIXe siècle.

Tallien, responsable de la commission n° 2, présente de son côté un « mémoire sur l'administration de l'Égypte à l'époque de l'arrivée des Français ». On y trouve, en particulier, de savoureuses observations sur la manière dont les chrétiens coptes dominent les finances locales depuis des lustres. Les Turcs sont généralement ignorants et s'occupent peu de leurs affaires, explique l'ancien conventionnel. Quant aux mamelouks, ils ne savent même pas lire. Chaque propriétaire a donc un intendant copte, chargé de percevoir tous ses revenus et d'acquitter les dépenses de sa maison. Entre les coptes, réunis en corporation, règne un accord exemplaire. « L'intérêt les réunit toujours : aussi vivent-ils entre eux dans la plus grande intimité, en ayant soin de n'initier personne dans les mystères de leur administration. Habitués à vivre sous l'oppression, ils supportent avec tranquillité toutes les humiliations qu'on leur fait éprouver. Ils se rachètent de tout avec de l'argent... Leurs comptes sont inintelligibles, eux seuls peuvent s'y reconnaître ; et ce n'est pas sans dessein qu'ils les présentent toujours de cette manière, parce que, connaissant l'ineptie de leurs maîtres, ils les mettent dans l'impossibilité de rien comprendre à cette masse effrayante de chiffres. »

La commission qui se penche sur l'habillement des Égyptiens accomplit un travail prodigieux : il n'y manque pas un pli de turban. L'étude de l'habitat donne lieu à la même minutie. Dans le domaine de la vie quotidienne et des mœurs, tout ce qui peut être observé fait l'objet de notations. Sur le sommeil, par exemple, il est précisé que le bourgeois égyptien couche seul – jamais avec son épouse – au milieu d'un grand salon. « Pour les hommes opulents, le lit consiste en un tapis étendu sur le plancher. Quatre gros coussins, deux à droite, deux à gauche, bordent le tapis. On met là-dessus une couverture et une moustiquière en soie ou en mousseline : nous en avons vu qui étaient brodées en or et en argent. On couche ordinairement sur le côté, et les coussins servent d'appui à la jambe et au bras qui restent à la partie supérieure… » Pour réveiller le dormeur, nul ne songerait à le secouer ou à lui crier à l'oreille : « Une esclave s'approche à petit bruit et lui caresse la plante des pieds avec la main, jusqu'à ce que le chatouillement l'ait arraché doucement au sommeil. » L'auteur du rapport ne peut s'empêcher de commenter : « Cette précaution délicate annonce la mollesse du peuple qui l'emploie : c'est l'indice de la vie efféminée qu'il mène. »

Si ce ton de supériorité est fréquent, il arrive aussi que les savants fassent preuve d'admiration. Les écoles élémentaires, par exemple, inspirent des remarques flatteuses à Jomard. C'est tout juste s'il ne propose pas d'appliquer ce modèle à la France : « Le mode d'enseignement de l'écriture et de la lecture, note-t-il, y est supérieur, sous un rapport à celui de beaucoup de nos villages, et même de nos villes d'Europe. Tandis que, dans ces dernières, on suit encore la méthode individuelle, au Kaire, on instruit simultanément tous les élèves. De plus, ils apprennent à lire et à écrire à la fois, c'est-à-dire qu'en écrivant les syllabes des mots, ils les prononcent en même temps à haute voix. »

Décrire l'Égypte moderne ne suffit pas : il faut la montrer. C'est dans cet esprit que Conté remplit des cartons à dessins depuis son arrivée au Caire. Le général Caffarelli, responsable de la Commission des sciences et des arts, ne l'avait-il pas invité à « observer tous les procédés d'art mécaniques et chimiques employés dans le pays, à recueillir les notes et les dessins relatifs à cet objet, et à introduire les perfectionnements que lui suggère son génie inventif » ? Malgré ses multiples occupations et son œil manquant, l'inventeur réalise de nombreuses planches, d'une précision remarquable, et une cinquantaine de scènes à l'aquarelle. Grâce à son crayon et à son pinceau, les techniques locales – comme les fours à poulets, les moulins à plâtre, les machines à arroser ou à battre les grains – deviennent un merveilleux livre d'images. On voit les fabricants de maroquin travailler nus dans un atelier sombre, alors que les pileurs de tabac sont assis paisiblement en plein air. Une faiseuse de mottes à brûler est agenouillée, le visage voilé, au milieu d'un jardin. Le barbier en *gallabieh*, penché sur la tête d'un client, un outil à la main, ressemble à un chirurgien…

Des artistes-ethnologues

D'autres artistes, moins occupés que Conté, consacrent tout leur temps au dessin ou à la peinture. C'est le cas d'André Dutertre, ancien condisciple de David, qui s'est fixé pour tâche de croquer les principales personnalités civiles et militaires de l'Expédition. On lui doit une série de profils au crayon ou au fusain, rehaussés de quelques touches d'aquarelle. Tout le monde y passe, ou presque… Au retour de la sanglante campagne de Syrie, le dessinateur, resté au Caire, accueille les rescapés et s'enquiert des uns et des autres. « Comment se porte Untel ? – Il est mort, lui répond-on. – Oh ! diable, c'est dommage, je ne l'ai pas. Et Untel ? – Il est mort aussi. – Oh ! pour celui-là, je l'ai. »

Heureusement, Dutertre s'intéresse aussi aux Égyptiens. Son portrait de Mourad bey est un chef-d'œuvre du genre. Toute la puissance du chef mamelouk, ennemi puis allié des Français, s'exprime dans un turban et une barbe broussailleuse. Assis de trois quarts, à la fenêtre d'un palais, son fouet et son sabre posés à côté de lui, il tient un chasse-mouches. Dans un tout autre genre, le peintre fait un tableau mélancolique des almées : deux de ces danseuses publiques se tiennent côte à côte sur une natte, un peu grasses, les seins nus. Elles semblent regarder l'artiste sans le voir, les yeux énigmatiques…

En septembre 1799, Dutertre propose à l'Institut d'Égypte d'ouvrir une école publique de dessin. Elle n'aurait pas de professeur attitré, mais tous les artistes y feraient partager leur art, ainsi d'ailleurs que les spécialistes d'anatomie. Une telle école, selon le peintre, permettrait de présenter l'Égypte, ses habitants, sa faune, sa flore, ses monuments et ses techniques, sous toutes leurs facettes. Ce projet n'aboutira pas, mais le dessin occupera une place considérable dans la future *Description de l'Égypte*.

Le peintre Michel Rigo, quant à lui, réalise les portraits de plusieurs notables du Caire, comme le lui avait demandé Bonaparte. Ces hommes enturbannés acceptent de poser, malgré les réticences des musulmans à reproduire la figure humaine. Exposés dans les salons du général en chef, les tableaux suscitent l'admiration du chroniqueur égyptien Gabarti : « On aurait cru, à les voir, qu'ils allaient se détacher en personne et se mettre à parler. »

Rigo, qui était surtout connu jusque-là comme peintre animalier, ne se limite pas aux notables. Ayant été frappé par la physionomie du conducteur de la caravane de La Mecque, un Nubien nommé Abdel-Kérim, il réussit à l'attirer dans son atelier, contre espèces sonnantes et trébuchantes. Selon le récit du *Courrier de l'Égypte*, le Nubien, méfiant, arrive accompagné d'une dizaine de compatriotes. Il se résout difficilement à congédier sa garde pour poser devant Rigo, qui entend le peindre grandeur nature. L'esquisse au crayon étonne le modèle, sans lui déplaire. Mais lorsque l'artiste commence à colorier le visage, le Nubien se lève d'un bond en poussant des hurlements d'effroi et s'enfuit à toutes jambes. Il crie aux passants qu'il vient d'une maison où on lui a pris la tête et la moitié du corps... Si l'on en croit *Le Courrier* – unique source d'informations, malheureusement, pour cet épisode comme pour d'autres –, le même Abdel-Kérim amène ensuite une Nubienne chez Rigo. La jeune femme ne pose que sous la contrainte. A mesure que l'artiste peint sa tête ou ses bras, elle lui demande : « Pourquoi prends-tu ma tête ? Pourquoi m'ôtes-tu mon bras ? »

Déchiffrer l'Égypte, c'est aussi connaître et comprendre sa musique. Un Français, Guillaume André Villoteau, s'y emploie dès le premier jour. Curieux parcours que celui de cet ancien enfant de chœur du Mans ! Sa famille voulait le contraindre à devenir prêtre. Il a préféré quitter sa ville, devenir musicien ambulant et s'engager dans les dragons, avant de se résigner, faute de ressources, à... entrer dans les ordres. Au début de la Révolution, Villoteau a jeté sa soutane aux orties pour devenir choriste à l'Opéra de Paris. C'est là, à 29 ans, qu'il a été recruté par la Commission des sciences et des arts pour partir en Égypte.

Dès l'escale de Malte, Villoteau découvre sa nouvelle vocation. Il profite de ce séjour pour étudier des airs orientaux. Et, au risque de mécontenter Bonaparte, refuse de chanter *La Marseillaise* au cours d'un banquet, se déclarant musicographe et non musicien. Si le général en chef voulait un barde pour stimuler l'ardeur de son armée, il a choisi le mauvais numéro...

Au Caire, Villoteau commence par suivre les cours du premier chantre de l'Église grecque-catholique, un vieillard nommé Guebraïl. « Sa voix maigre, épuisée et tremblante, avait un son fêlé et, outre cela, il chantait du nez avec une sorte d'affectation et d'importance », racontera l'ex-choriste de l'Opéra. Entre deux fous rires, il se met à nasiller à son tour...

S'initiant successivement aux musiques des Syriens, des Turcs, des Arméniens et des Juifs d'Égypte, Villoteau s'intéresse particulièrement aux airs arabes. Il part de rien et ne peut s'appuyer sur aucune partition : ses interlocuteurs n'ont bénéficié que d'une transmission orale. De prime abord, ces mélodies ne l'attirent pas, c'est le moins qu'on puisse dire. Il se souviendra de « l'effet révoltant d'une musique qui nous déchirait les oreilles, de modulations forcées, dures et baroques, d'ornements d'un goût extravagant et barbare, et tout cela exécuté par des voix ingrates, nasales et mal assurées, accompagnées par des instruments dont les sons étaient ou maigres et sourds, ou aigres et perçants ».

L'oreille de Villoteau se fait pourtant peu à peu à ces mélodies. Il apprend à y déceler les ajouts et les déformations qui les ont alourdies au fil du temps. Commence-t-il pour autant à les aimer ? « Les Égyptiens, écrira-t-il dans la *Description de l'Égypte*, n'aimaient point notre musique et trouvaient la leur délicieuse ; nous, nous aimons la nôtre et trouvons la musique des Égyptiens détestable : chacun de son côté croit avoir raison. » La musique, censée rapprocher les peuples, est, au début du XIXe siècle, le lieu d'incompréhension maximale entre Égyptiens et Français.

Seule exception peut-être : la manière dont les musiciens de rue s'adaptent à l'occupation. Près des casernes françaises, ils viennent saluer le vainqueur des Pyramides sur un air vaguement inspiré de *Malbrough s'en va-t-en guerre*. La traduction des paroles donne à peu près ceci : « Qu'il est beau, le citoyen Bono, ce général aux yeux de gazelle, dont la chevelure est si belle... » Glissant aisément de l'hommage à la fronde, une autre chanson a de quoi rendre perplexes les savants orientalistes : « Tu nous as fait soupirer par ton absence, ô général en chef, qui prends le café avec du sucre et dont les soldats ivres parcourent la ville pour chercher des femmes… »

Tous les chants intéressent Villoteau : celui du muezzin comme celui du marchand d'eau, et même les psalmodies du mendiant. Il court partout, prend des notes, suit les cortèges nuptiaux, remonte le Nil, va de ville en ville, à l'affût des sonorités locales. Les Égyptiens, constate-t-il, ont le sens de la cadence et ne peuvent se passer de musique. Même les paysans travaillent en chantant.

Au passage, l'ancien baryton apprend à jouer de tous les instruments – à cordes, à vent ou à percussion – qui lui tombent sous la main : de l'*arghoul*, double clarinette en roseau, dont les plus grands modèles peuvent atteindre 2,50 mètres de long, à la *rababa*, vielle à deux cordes en crin de cheval, dont la caisse de résonance est faite d'une noix de coco. Un instrument manque à sa collection : la *zouqqara*, une sorte de cornemuse sans bourdon. Villoteau cherche désespérément à s'en procurer un exemplaire. Il le trouvera finalement à Rosette, en août 1801, quelques jours avant son embarquement pour la France… Dans la *Description de l'Égypte*, la contribution de ce pionnier de l'ethno-musicologie occupera un millier de pages. Ce sera un véritable traité sur la musique égyptienne, passée et présente, complété par des comparaisons très fouillées avec les autres musiques.

Faux départ sur l'*Oiseau*

Villoteau et ses collègues de la Commission des sciences et des arts interrompent brusquement leurs travaux à la fin de janvier 1800, quand est annoncée la conclusion du traité d'El-Arich. C'est une bonne nouvelle, saluée avec enthousiasme par tous ceux – et ils sont nombreux – qui souhaitent retourner en France. Kléber a négocié avec les Ottomans et les Anglais l'évacuation de l'Égypte, convaincu que l'armée d'Orient, en proie à des difficultés financières, a mieux à faire sur les champs de bataille européens que de traîner sur les bords du Nil. Ce serviteur du Directoire ignore que Bonaparte vient de prendre le pouvoir à Paris…

Savants et artistes sont donc invités à se regrouper et à faire leurs malles. Nombre d'entre eux, atteints du mal du pays, n'attendaient que cela. Un mois plus tôt, dans une lettre à Cuvier, Geoffroy Saint-Hilaire écrivait : « J'ai trouvé le terme de mon courage. L'Égypte m'est insupportable : je ne me rappelle plus sans douleur tout ce que j'ai échangé contre ma position actuelle, j'ai quitté de vrais et bons amis pour me jeter dans une société qui a tous les éléments d'un couvent ou qui ressemble à celle d'une petite ville de province : nous nous observons pour saisir réciproquement nos ridicules et en faire l'objet de nos railleries. Je n'ai cessé d'être malade et mon corps est actuellement si usé que je me suis mis dans l'esprit que je n'aurai plus jamais l'avantage de revoir mes plus chers parents et amis. »

Une quarantaine de membres de la Commission s'embarquent, le 4 février, sur plusieurs bateaux qui doivent les conduire à Alexandrie. Ils emportent toutes leurs collections, y compris la fameuse pierre de Rosette. Premier contretemps : la peste venant de se déclarer, ils sont isolés sur une île du Nil, non loin de la côte. Ce n'est que le 27 mars qu'ils pourront enfin monter à bord du brick l'*Oiseau*, avec d'autres collègues qui les ont rejoints à Alexandrie, pour gagner la France.

Là-dessus, nouvelle catastrophe : la convention d'El-Arich est dénoncée, les Anglais ayant exigé une capitulation française sans conditions. Kléber estime qu'il a été floué. A ses troupes il lance avec panache : « Soldats, nous aurons à répondre à une telle insolence par des victoires ; préparez-vous à combattre. » L'armée d'Orient, qui avait commencé à évacuer une partie de l'Égypte, relève la tête et se reforme en carrés. Dans une bataille historique, à Héliopolis, 8 000 Français mettent en déroute 40 000 Ottomans.

Mais cette victoire éclatante est suivie immédiatement d'une nouvelle insurrection au Caire, plus importante que celle de novembre 1798 : y participent des Ottomans, des mamelouks, des Maghrébins et des bédouins venus des environs. Cette fois, les insurgés ne se contentent pas de barricades : de véritables fabriques d'armes et de poudre sont organisées. Des chrétiens accusés de collaboration avec l'occupant voient leurs maisons attaquées. Le cheikh El-Bakri lui-même est pris à partie.

Kléber aura besoin d'un mois pour reprendre le contrôle de la ville. Il en fait le siège, avant de bombarder certains quartiers. Puis, trois colonnes y pénètrent. Le quartier de Boulaq est dévasté. « Il fallait s'emparer des maisons une à une, raconte le colonel Vigo-Roussillon, et, pour effrayer Le Caire, le pillage fut accordé aux soldats, qui, après y avoir commis mille horreurs, mirent le feu à cette malheureuse ville... C'était abominable ! » Une partie du quartier de l'Ezbékieh, le plus beau de la capitale, ne sera plus qu'un amas de ruines.

Pour les punir de s'être soulevés, une lourde contribution est imposée aux Cairotes. Tout le monde – sauf les chrétiens, malmenés par les insurgés – devra y passer, y compris les montreurs de singes et les charmeurs de serpents. Le premier contribuable d'Égypte, le cheikh El-Sadat, âgé de 78 ans, se voit réclamer une somme énorme. Se montrant réticent, il est alors emprisonné à la Citadelle et battu deux fois par jour, jusqu'à ce qu'il se décide à payer. Tous ses biens seront saisis.

Lorsque les savants et artistes, qui n'ont pas quitté le port d'Alexandrie, redescendent de l'*Oiseau*, le 27 avril, fourbus et furieux, c'est pour découvrir que la vie en Égypte continue, à peu près comme avant. Kléber ne table plus sur un retour prochain en France. C'est en fonction d'une occupation appelée à se prolonger qu'il réorganise le système fiscal égyptien et augmente ses forces armées en levant des troupes locales : on va voir surgir un régiment de mamelouks, une légion copte, une légion grecque, un corps de janissaires à cheval…

A la demande du général en chef, Conté est retourné immédiatement au Caire, après le faux départ de l'*Oiseau*, pour rouvrir ses ateliers et produire de la poudre en grande quantité. L'Institut, en revanche, ne reprend pas ses séances pour le moment. Plusieurs savants et artistes, démoralisés, traînent à Alexandrie. Répondant à l'astronome Nouet, qui fait part des protestations de ses collègues, Kléber lui répond sèchement qu'il n'est pour rien dans leur départ manqué et qu'il n'interdit à aucun membre de la Commission d'embarquer pour la France, à ses risques et périls.

Le 14 juin 1800, dans l'après-midi, le général en chef se promène dans les jardins de sa résidence, en compagnie de l'architecte Protain. Un jeune Arabe s'approche d'eux avec l'air de solliciter une faveur. A peine Kléber entend-il la voix de cet inconnu que celui-ci lui porte plusieurs coups de poignard. Protain est également blessé. Lorsque les gardes accourent, alertés par les cris des victimes, le général en chef est en train d'expirer.

On retrouve le meurtrier dans un jardin voisin. C'est un Syrien d'Alep, prénommé Soleiman et âgé de 24 ans. Le sinistre Barthélemy le Grec le fera parler sous la torture. Le jeune homme a agi, semble-t-il, à l'instigation de janissaires ottomans, mais sans complicités égyptiennes. Il avait seulement fait part de son projet à quelques cheikhs d'El-Azhar, qui auraient tenté, sans succès, de l'en dissuader. Trois de ceux-ci sont aussitôt arrêtés, et un tribunal militaire est convoqué le lendemain. Les cheikhs auront la tête coupée, tandis que Soleiman l'Alépin est condamné, « selon le supplice en usage dans le pays pour les plus grands crimes, à avoir le poignet droit brûlé, être ensuite empalé, et rester sur le pal jusqu'à ce que son cadavre soit mangé par les oiseaux de proie ». Gabarti ne trouve rien à redire à ce verdict : le chroniqueur égyptien se montre au contraire admiratif de la procédure judiciaire suivie par les Français, la comparant aux méthodes plus expéditives des Ottomans.

Toutes les demi-heures, le canon tonne en signe de deuil. La cérémonie funèbre, organisée notamment par Conté et l'ingénieur en chef Jacques-Marie Le Père, a lieu le 17 juin devant l'Institut d'Égypte. C'est le secrétaire perpétuel, Fourier, ami et collaborateur de Kléber, qui prononce l'éloge funèbre. Entre civils et militaires, entre pouvoir et savoir, il n'y a plus de frontières : « Quels secours, citoyens, nos ennemis attendent-ils de ce forfait ? En frappant ce général victorieux, ont-ils cru dissiper les soldats qui lui obéissaient ? »

Le même jour, les trois cheikhs sont décapités et Soleiman subit son terrible supplice. Dutertre ne manque pas de dessiner la scène. Au bout de quatre heures, enfreignant les instructions de Barthélemy, un soldat compatissant met fin aux souffrances de l'Alépin en lui donnant à boire.

A peine remis de ses blessures et de ses émotions, l'architecte Protain dessine les plans d'un monument funéraire de 30 mètres de long et de 17 mètres de haut, dans lequel reposerait un sarcophage en porphyre. Cette sépulture impériale restera dans les cartons…

Le chirurgien-chef Larrey obtient de conserver le cadavre

de Soleiman l'Alépin, qui sera transporté en France, à des fins scientifiques. Le crâne du supplicié permettra aux étudiants en médecine parisiens de mesurer la bosse du crime et du fanatisme. Cette pièce à conviction ira ensuite au musée de l'Homme, puis sera soustraite aux regards du public et soigneusement cachée pour ne pas jeter d'ombre sur les relations franco-égyptiennes.

10

Tous les poissons du Nil

Dans l'ensemble, savants et artistes appréciaient Kléber, même s'ils lui reprochaient de n'avoir pas su – ou pas voulu – les rapatrier. Avec son successeur, Menou, c'est une autre affaire. Ce quinquagénaire ventripotent, qui s'est converti à l'islam par opportunisme politique et pour épouser une musulmane, n'est populaire ni dans l'armée ni à l'Institut. On entend parler d'« Abdallah le renégat », surtout depuis que le nouveau général en chef a eu l'étrange idée de donner à son fils le même prénom que le meurtrier de Kléber, Soleiman…

Jacques Abdallah Menou n'est pas un grand chef militaire, et ne tardera pas à le confirmer. Mais c'est un bon administrateur, qui a le mérite d'avoir un projet politique cohérent. Alors que Kléber désirait ramener le corps expéditionnaire en France et servir sur le front européen, son successeur est tourné vers l'Orient. L'Égypte, pour lui, est une colonie française, qu'il faut organiser en conséquence.

Le 5 septembre 1800, dans un ordre du jour, le nouveau général en chef donne le ton : « Soldats, sachez donc être généreux avec les Égyptiens. Mais que dis-je ? Les Égyptiens aujourd'hui sont des Français ; ils sont vos frères... » On n'en est pas encore à les considérer comme des égaux, mais il faut les soumettre aux lois de la République. Joseph Fourier, le secrétaire perpétuel de l'Institut, devient administrateur judiciaire du pays. Il a pour mission de faire appliquer un nouveau Code de procédure civile et d'instruction criminelle.

Bien qu'ayant été très proche de Kléber, Fourier occupe toujours au Caire une position de premier plan. Après l'avoir nommé commissaire français dans le nouveau Divan, Menou lui confie un projet de journal en langue arabe, *Al-Tanbih* (« L'Avertissement »), qui doit servir à « répandre dans toute l'Égypte la connaissance des actes du gouvernement français, à prémunir les habitants contre les préventions et les inquiétudes qu'on pourrait chercher à leur inspirer, enfin à entretenir la confiance et l'union qui s'établissent de plus en plus entre ces peuples et les Français ». Il est prévu qu'*Al-Tanbih* recevra un imprimatur des oulémas et que des exemplaires en seront distribués aux caravanes de passage au Caire. Mais ce journal – qui aurait été le premier périodique de langue arabe jamais publié – ne verra pas le jour. Par manque de temps peut-être, ou parce que l'entreprise est trop compliquée.

Entre autres tâches délicates, Fourier est chargé de faire écrire aux notables du Divan une lettre à Bonaparte pour le féliciter d'être devenu Premier Consul. Menou, qui a tendance à ramper devant le nouvel homme fort de Paris, fait remarquer au mathématicien que « plus les tournures de la lettre du Divan seront orientales, plus elles paraîtront originales et piquantes en France ». Il ne sera pas déçu : « Vous êtes apparu dans ce pays comme un éclair de Dieu, écrivent les notables égyptiens à Bonaparte. Nous avons remercié Dieu de vos succès... Nous vous disons, parce que cela est vrai, que les nations de l'Égypte et les Français ne font plus qu'un peuple… Nous vous demandons de ne point oublier que l'Égypte est votre pays… »

Tandis que l'astronome Nouet est chargé d'établir le cadastre, de grands travaux sont entrepris au Caire. On construit des ponts sur le canal. On perce une grande avenue surélevée, insubmersible au moment des crues, qui conduit de l'Ezbékieh à Boulaq. Et l'on continue à élargir des rues, pour permettre aux charrettes de circuler (et aux troupes d'intervenir rapidement en cas de troubles).

Un projet de colonisation

Menou encourage la création de nouvelles manufactures et l'introduction en Égypte de nouvelles cultures, soit « indigènes », comme la canne à sucre et le coton, soit « françaises », comme la pomme de terre et le houblon. A Bonaparte il envoie en novembre 1800 des pièces de drap et une centaine de pains de sucre, « afin qu'on puisse voir en France un échantillon de ce que peut produire l'Égypte ». Le 5 février suivant, le botaniste Raffeneau-Delile dépose sur le bureau de l'Institut plusieurs pommes de terre cultivées en Égypte, dont la plus grosse pèse 215 grammes.

Le nouveau général en chef est aidé par la conjoncture. Les Anglais ayant été contraints de desserrer leur blocus maritime, quelques bateaux français commencent à arriver en Égypte : ils transportent des marchandises, mais aussi des commerçants et des artisans désireux de s'installer dans la vallée du Nil. Chaque jour naissent au Caire des brasseries, des boutiques, de petites fabriques de chapeaux, de galons, de bière ou de bougies.

Dans un grand café, *L'Armée victorieuse*, installé sur la

place de l'Ezbékieh, on donne des bals et des concerts. Un public plus choisi peut entendre, à la résidence du général en chef, des récitals de Rigel, sur le piano Érard qui avait été apporté de France à bord de l'*Orient*.

Le 31 décembre 1800, une nouvelle salle de théâtre, comptant cinq cents places, est ouverte à proximité. Pour la première fois, les rôles féminins ne sont pas tenus par des hommes. Rien n'échappe au regard perçant d'Antoine Galland, correcteur de l'Imprimerie nationale : « Le beau sexe a bien voulu paraître enfin sur la scène et le public reconnaissant l'a accueilli par des applaudissements nombreux et mérités. Quelques grands du pays parmi les Turcs, beaucoup de chrétiens orientaux, fort peu de leurs femmes, nombre de nègres et négresses, les belles Géorgiennes et Circassiennes de nos généraux placées dans une loge opposée à la leur, et nos Françaises, la plupart moins belles mais toujours plus gentilles et plus charmantes, composent, avec quelques autres dames européennes et une quantité considérable de Français, cette agréable réunion qui a lieu une ou deux fois tous les dix jours. » Dans ce théâtre, on joue *Les Plaideurs* de Racine, des comédies, ainsi que des opéras composés par deux membres de la Commission des sciences et des arts, Balzac et Rigel. Les savants ne crachent pas sur ces distractions. Dans le journal de Villiers du Terrage, à la date du 23 février 1801, on peut lire : « L'Institut s'est avisé de tenir séance un jour de comédie. Il a été complètement désert… »

Quelques rares officiers ont emmené leurs épouses en Égypte. La générale Verdier, une Italienne pétulante, met de la gaieté dans la colonie, après s'être distinguée pendant la campagne de Syrie. On l'a vue s'occuper de blessés et même leur céder son cheval. Un certain nombre de militaires vivent avec des concubines égyptiennes. Des savants et des artistes ont pris femme également. Si Jacotin, le chef des ingénieurs géographes, a épousé la fille d'un négociant européen du Caire, le jeune Dubois-Aymé a acquis une esclave du nom d'Ayouché. Son chef détesté, Girard, ingénieur en chef des Ponts et Chaussées, s'est offert, lui, une Caucasienne pour 3 800 livres. D'autres trouvent le bonheur dans des relations homosexuelles : l'interprète Raige reçoit des poèmes d'amour du greffier égyptien du Divan Ismaïl el-Kachab…

En tant qu'apôtre de la colonisation, le général Abdallah Menou voit d'un bon œil ces diverses manières de s'établir en Égypte et de s'inscrire dans le décor. Il ne peut qu'encourager les distractions, qui font oublier à ses compatriotes le mal du pays.

Les pyramides sont l'une des excursions favorites des Français du Caire. Lorsque la crue inonde les terres, d'août à décembre, il est possible de partir en barque du pied de sa maison, en bordure de l'Ezbékieh, et de naviguer jusqu'à Guiza. Galland raconte l'une de ces « charmantes petites parties », faite en compagnie du général Galbaud, du directeur général des Finances, Estève, et de deux dames. On embarque très tôt le matin, pour arriver vers 11 heures aux abords de Khéops. Une petite foule bruyante est déjà en train d'escalader ces pierres énormes, qui exigent de se servir des mains autant que des pieds. « Quelques fous, écrit-il, voulaient y faire monter leurs chevaux ; mais les chevaux, plus raisonnables, s'y sont refusés. » Les dames du groupe Galland renoncent à l'escalade, car « il eût fallu s'habiller en homme ». La générale Verdier et quatre amies n'ont pas de ces scrupules : arrivées au sommet avec leurs accompagnateurs, elles admirent le paysage, gravent leurs noms sur la pierre et déjeunent joyeusement sur la plate-forme, en attendant de prendre le café que leur « petit nègre » aura préparé…

L'excursion se conclut par une visite à l'intérieur de la pyramide. Dans l'obscurité, des jeunes gens facétieux poussent leurs voisins, faisant tomber tous les visiteurs « les uns sur les autres, comme des capucins de carte »... Oui, les Français du Caire s'amusent, et ce n'est pas pour déplaire au général Menou.

Pour appuyer son projet de colonisation, le général en chef a trouvé un partisan actif en la personne de Théodore de Lascaris, ancien chevalier de l'ordre de Malte, devenu membre de la Commission des sciences et des arts. Cet exalté propose la création d'une nouvelle capitale, Ménopolis, qui exprimerait la fusion de l'Orient et de l'Occident. De forme triangulaire, reliée par des canaux aux grandes routes commerciales du monde, elle prendrait place à la pointe du Delta, où serait également construit un barrage. (La ville ne verra jamais le jour mais l'idée du barrage sera reprise et réalisée quelques décennies plus tard par les dirigeants égyptiens...) Lascaris est persuadé que l'Égypte n'est pas mûre pour assimiler les principes républicains : il préconise, dans un premier temps, d'assurer un « équilibre des fanatismes contraires », en favorisant les chrétiens coptes, auxquels il est très lié. L'ancien chevalier pousse la fantaisie jusqu'à imaginer une sorte de république pro-française en Haute-Égypte, où quelques milliers de coptes s'associeraient aux mamelouks de Mourad bey, ralliés à la France... L'extravagance des idées de Lascaris, qui dirige le service des droits affermés, ne fait qu'apporter de l'eau au moulin des adversaires de Menou.

Logique avec lui-même, le général en chef souhaite l'embauche d'ouvriers égyptiens dans une nouvelle manufacture de drap destinée à l'armée. Mais il se heurte aux négociants français, qui jugent inutile sinon dangereux d'enseigner des techniques ignorées par la population locale. Sans doute ont-ils lu dans *Le Courrier de l'Égypte* cette remarque du médecin-chef Desgenettes : « La plus légère attention sur ce qui nous environne fait voir que les Égyptiens profitent de nos leçons, et que si nous les avons trouvés reculés de plusieurs siècles, leur esprit imitatif et leur dextérité leur ont fait regagner un siècle dans le laps d'une année. » Des techniciens locaux ne concurrenceraient-ils pas l'industrie française ? Même le généreux Conté, chargé de fabriquer les machines de cette manufacture de drap, finit par s'opposer à ce transfert de technologie. Dans le nouvel établissement, écrit-il à sa femme, il ne sera employé « que des Français afin de ne point enseigner les arts aux Turcs ». Ce qui relativise un peu le souci affirmé, dès le début de l'Expédition, de « civiliser » l'Égypte en lui apportant « les sciences et les arts » de l'Europe…

Tallien est ouvertement opposé au projet de colonisation. Selon lui, la France n'a pas les moyens de conserver l'Égypte, et il reproche au général en chef d'outrepasser ses fonctions, en édictant par exemple des règlements locaux sur les droits de succession au lieu de laisser les lois de la métropole s'appliquer aux Français présents dans la vallée du Nil. Menou se fâche. Il finit par expulser l'ex-conventionnel, l'invitant à « porter ailleurs son souffle pestilentiel ». Et Tallien regagne la France en novembre 1800.

Mélancolie et découragement

Contrairement à ses deux prédécesseurs, Menou n'a pas été élu à l'Institut d'Égypte. C'est une humiliation, qui contribue à compliquer ses relations avec les savants et les artistes. Le général en chef attache pourtant de l'importance à leur rôle et soutient le projet de réunir tous leurs travaux dans un grand ouvrage. « Si l'histoire apprend à la postérité les combats et les victoires des soldats français en Égypte, déclare-t-il le 5 février 1801, elle doit lui apprendre aussi que d'autres Français recommandables par leur savoir fondaient en même temps la civilisation et y rapportaient les sciences comme dans leur antique berceau. »

Son sens de l'État conduit cependant Menou à s'opposer au projet initial, qui était de constituer une société par actions. Pour lui, une telle œuvre ne saurait être de nature privée. « Tous ces travaux, écrit-il à Bonaparte, appartiennent à la République… qui, seule, doit se charger de cette entreprise et récompenser magnifiquement les savants et les artistes. » Ce point de vue prévaudra lorsque sera lancée la *Description de l'Égypte*.

Rien ne plaît autant à Menou que d'administrer. Il administre donc les activités des savants et artistes, leur demandant de coucher sur le papier, point par point, leurs besoins en matériel. L'Institut est invité à fournir un inventaire de tous les livres, manuscrits, instruments de physique et objets d'art, en vue de constituer une « collection nationale ». Cette sollicitude flatterait les intéressés si le général en chef ne voulait organiser aussi leur travail.

Il refuse ainsi une nouvelle exploration de la Haute-Égypte, prévue cette fois jusqu'en Nubie. La « pacification » de cette région est pourtant devenue réelle depuis le ralliement de Mourad bey aux Français. Le général en chef assigne plutôt des missions individuelles aux ingénieurs en Moyenne-Égypte et dans le Delta. Prosper Jollois, forte tête, refuse de se rendre à Menouf, estimant que sa présence y serait inutile. Il est mis aux arrêts à la Citadelle. A sa réclamation Menou répond par « une lettre paternelle », dans laquelle il précise :

« Si vous étiez mon fils, la punition serait trois fois plus forte que celle que je vous inflige. »

Villiers du Terrage et plusieurs jeunes polytechniciens protestent alors collectivement auprès de Menou. Pour toute réponse, celui-ci les invite à « faire de grandes choses », à l'image du Premier Consul, plutôt que de se livrer à « de petites intrigues », qui « appartiennent plutôt aux habitants des boudoirs qu'à de mâles et fiers républicains ». Ne se tenant pas pour battus, les intéressés répliquent avec hauteur : « L'habitude que l'on a prise de nous englober dans la dénomination trop légère de jeunes gens ne vous laisse peut-être voir parmi nous qu'une jeunesse turbulente ; cependant la plupart d'entre nous a déjà un âge où dans toute autre carrière on peut remplir avec distinction les emplois les plus importants… »

L'argument peut faire sourire, le plus âgé des protestataires ayant 24 ans… Villiers du Terrage et ses camarades font remarquer que des missions individuelles ne seraient d'aucune efficacité. Ils proposent qu'on les envoie à trois ou quatre dans une province, avec une escorte. C'est ce qui se fera plus ou moins, mais sans grands résultats. Le cœur n'y est plus. Les lettres de Villiers à sa famille expriment l'ennui, le sentiment de ne servir à rien et le désir lancinant de rentrer en France. Le jeune ingénieur ne sait même pas si ses lettres parviennent à destination. Les Anglais interceptent une partie du courrier (et le publient d'ailleurs, à des fins de propagande). Les lettres qui réussissent à leur échapper sont souvent illisibles après avoir été trempées dans du vinaigre à Marseille pour raisons sanitaires…

« Nous étions découragés, se souviendra Villiers par la suite. A quoi bon lutter sans cesse pour enrichir malgré eux et contre leur insouciance des fellahs stupides et routiniers ? Nous avions perdu les hommes qui par leur position nous protégeaient : Bonaparte, Monge, Berthollet, revenus en France ; Caffarelli, Kléber, morts. Beaucoup de militaires nous traitaient de bouches inutiles ; quelques-uns croyaient toujours que c'était “pour les savants” qu'avait été faite la campagne ; enfin tous les soldats étaient convaincus que nos lourdes caisses d'antiquités, que toujours nous surveillions avec soin, étaient remplies de trésors. »

L'infatigable Geoffroy

Geoffroy Saint-Hilaire est saisi, pour sa part, d'une lassitude et d'un désespoir croissants. Lui qui, deux ans plus tôt, s'extasiait sur les conditions de travail à l'Institut et se sentait « dans un foyer ardent de lumières » supplie son ami Cuvier, resté à Paris, de l'aider à quitter l'Égypte. Ses lettres ne sont plus que de longues jérémiades.

On ne peut pas accuser Geoffroy d'avoir perdu son temps jusque-là dans la vallée du Nil. Ce brillant zoologiste est entré en contact avec le maximum de pêcheurs, de chasseurs, de charmeurs de serpents ; il a sillonné des marchés, exploré des grottes, recueillant une formidable collection d'animaux. On trouve chez lui des espèces rares, comme le lynx botté de Bruce ou une mangouste à longue queue touffue, que les Grecs appelaient *icheumon*. Son attention se porte principalement sur les petits mammifères inconnus en Europe. Au fil de ses pérégrinations, il a découvert une nouvelle espèce de lièvre, une de renard, une de hérisson, quatre de rats et onze de chauves-souris (mieux que Daubenton, son maître, qui n'en avait trouvé que cinq au cours de sa carrière !).

Si Geoffroy possède presque tous les serpents d'Égypte, c'est surtout sa collection ichtyologique qui retient l'attention : avec l'aide de pêcheurs locaux, il a réussi à se procurer de curieux poissons de la Méditerranée et de la mer Rouge. Des poissons souvent identiques, qui incitent à prouver que jadis les deux mers n'en faisaient qu'une. En outre, Geoffroy va parvenir à rassembler la totalité des poissons du Nil. Parmi ces derniers, deux spécimens spectaculaires : le *Tétrodon fahaka* et le *Polyptère bichir*. Le premier présente des organes admirables, réunissant les caractéristiques des quadrupèdes et de la seiche. Quant au second, c'est une véritable nouveauté zoologique, qui aurait justifié à elle seule le voyage en Égypte. Ce poisson est exceptionnel par ses écailles osseuses et dures, la manière dont ses branchies s'ouvrent au-dehors et les sortes de bras qui soutiennent ses nageoires pectorales : on dirait les extrémités d'un mammifère. L'étude du polyptère permettra à Geoffroy de fixer ses thèses sur l'anatomie et de publier plus tard sa célèbre *Philosophie anatomique*.

Tous ces animaux sont conservés dans de la liqueur – ce qui devrait permettre d'étudier non seulement leur dépouille extérieure, mais encore leurs parties molles et leur squelette. Une triple collection, en somme.

Parallèlement aux momies humaines, Geoffroy s'intéresse aux animaux sacrés que les anciens Égyptiens avaient cherché aussi à rendre éternels : bœuf, chat, crocodile, ibis... Fouillant dans des grottes de Haute-Égypte ou de Saqqara, il a découvert des cabinets de zoologie presque complets. Avec quelle émotion ! « Entré dans la demeure mortuaire des crocodiles à Thèbes, j'en ai retrouvé les parties comme elles avaient été distribuées : là étaient des crocodiles empaquetés, sans la moindre altération ; de la main qui en avait fait le pieux dépôt, ces restes vénérés ont passé dans la mienne, sans qu'aucun événement eût croisé cette relation consécutive. Les deux actes se sont en effet succédé, sans autre interruption qu'une nuit de trente siècles écoulée entre l'un et l'autre. »

Ces animaux sont intacts. Ils ont conservé tous leurs os, tous leurs poils ou leurs écailles. Or, on s'aperçoit qu'ils sont parfaitement semblables à ceux d'aujourd'hui. Autant dire que cette collection de momies va relancer le débat – capital – sur la fixité des espèces, qui oppose Cuvier à Lamarck…

Geoffroy n'a donc pas volé la République sur les bords du Nil, et il est en droit de réclamer son rapatriement. Le 9 novembre 1800, il écrit à Cuvier qu'il a souffert de quatre ophtalmies successives et a été complètement aveugle pendant un mois. La lecture lui est encore interdite. De plus, son estomac ne parvient pas à digérer les aliments solides, et les médecins l'ont averti qu'il ne pourrait pas espérer de guérison en Égypte. Ayant mis ces considérations personnelles en avant, le zoologiste en ajoute d'autres, de nature scientifique : « Il convient que j'aille remplir mon emploi au Muséum d'histoire naturelle ; ici, je suis complètement inutile, j'ai rempli mon objet, j'étais riche de collections et d'observations : que je reste plus longtemps en ce pays, vous n'aurez rien ; mes collections y périront entièrement. Déjà j'ai perdu toutes mes peaux empaillées, lorsque au premier projet de retour on mit mes effets à fond de cale, et qu'ils y restèrent quatre mois avec l'espoir de partir le lendemain matin. Il me reste ma caisse de momies, etc., et mes tonneaux d'eau-de-vie… » Cette eau-de-vie, dans laquelle sont conservés des animaux, s'évapore dangereusement, il doit en rajouter « pour 100 francs par mois »… La lettre se conclut par une supplication : « Mon cher Cuvier, faites, je vous prie, tous vos efforts pour me sortir de ce pays. »

Et pourtant… Geoffroy Saint-Hilaire ne va pas cesser de démentir ces propos désespérés, dans les semaines qui suivent, par une activité étonnante. Les communications qu'il fait à l'Institut d'Égypte au cours de l'hiver 1800-1801 sont prodigieuses, tant par leur nombre que par leur variété. Le 7 novembre, il expose « un plan d'expériences pour parvenir à la preuve de la coexistence des sexes dans les germes de tous les animaux ». Le 22 novembre, il disserte sur la formation de l'œuf. Le 7 décembre, ce sont des considérations sur la fibre musculaire. Le 6 janvier, sur les organes de la respiration. Le zoologiste passe à tout autre chose, à la séance du 24 janvier, dans un rapport sur les sépultures de l'ancienne Memphis. Il revient à l'Antiquité, le 5 février, pour se pencher sur les animaux du Nil connus des anciens Égyptiens. Et, le 22 mars, dernière séance de l'Institut, il présente à ses collègues un rapport détaillé sur le crocodile du Nil… Jusqu'à la fin de son séjour en Égypte, Geoffroy Saint-Hilaire aura mérité, plus que tout autre peut-être, le titre de « savant ».

11

A la chaîne d'arpenteur

En débarquant au pays des pharaons, les officiers et savants français disposaient d'une carte peu banale de l'Égypte. Son auteur, Jean-Baptiste Bourguignon d'Anville, n'avait jamais mis les pieds dans la vallée du Nil ! Ce géographe en chambre ne connaissait, à vrai dire, même pas son propre pays, n'ayant fait, paraît-il, qu'une seule fois le voyage de Paris à Soissons... Il était néanmoins parvenu à donner une vue assez fidèle de l'Égypte par une compilation de toutes les sources existantes.

Pouvait-on se fier à cette carte, publiée en 1776, qui mélangeait des informations fournies par des voyageurs de l'Antiquité, du Moyen Age et de l'époque moderne ? De toute manière, les lieux indiqués sur ce document n'étaient pas assez nombreux, et l'échelle était trop petite pour guider une armée en marche.

Établir une nouvelle carte est l'un des premiers objectifs de l'Expédition française. Dès leur arrivée, les ingénieurs géographes, civils et militaires, unissent leurs compétences pour lever le plan d'Alexandrie. Ils feront de même au Caire, arpentant sans fin cette capitale-labyrinthe aux soixante quartiers, qui finira par livrer son mystère.

Difficulté de taille : il faut parcourir un pays en majorité désertique, où la sécurité n'est jamais assurée. Près des dcux tiers du territoire seront quand même levés, à la planchette, au graphomètre et à la chaîne d'arpenteur ou, faute de mieux, au pas et à la boussole. Dans son journal, le jeune Villiers du Terrage raconte la manière rudimentaire dont il a fait la reconnaissance de la route du Caire à Suez par la vallée de l'Égarement, en suivant la marche d'une caravane : « Je relevais les angles au moyen de la boussole et je mesurais les distances par le temps que les chameaux mettaient à parcourir la route entre deux stations. Le pas du chameau est d'une régularité parfaite ; c'est un véritable pendule animal… »

Sous la direction de Pierre Jacotin, ingénieur géographe, trente-sept officiers et savants parcourent ainsi l'Égypte dans tous les sens. Ils comptent en lieues, mais les résultats doivent être traduits en mètres dans leurs rapports, car le système métrique vient d'être adopté en France. Une aide importante leur est apportée par l'astronome Nouet, qui, contrairement à d'autres savants, a eu la chance de ne pas perdre ses instruments dans le naufrage du *Patriote* ou dans le pillage de la maison de Caffarelli. Le doyen de l'Institut dispose d'un cercle multiplicateur de Borda, d'une montre marine de Berthoud et d'une lunette achromatique de Dollond. Il détermine les longitudes en observant les éclipses des satellites de Jupiter.

De leur côté, faute d'outils très pointus que les ateliers de Conté ne sont pas en mesure de fabriquer, les ingénieurs géographes doivent recourir à des expédients. Avec un bel optimisme, Jacotin estime que c'est presque mieux ainsi : des méthodes simplifiées, dit-il, correspondent parfaitement à l'Égypte, pays plat et peu boisé.

Dans un questionnaire extrêmement détaillé, les ingénieurs géographes sont invités à indiquer le nom de chaque localité, en français et en arabe ; le nombre des habitants et des familles, leur activité ; les espèces de plantes cultivées ; les voies de communication terrestres et navigables ; l'état des canaux et de leurs berges ; les tribus nomades des environs, leurs lieux de campement, le nombre de leurs chameaux et de leurs chevaux ; sans oublier tous les monuments et objets remarquables... L'intérêt pour les ruines ou pour les systèmes hydrauliques des siècles passés montre bien qu'il ne s'agit pas seulement d'un contrôle du territoire, à des fins militaires ou économiques, mais d'une approche globale de l'espace.

Ce travail de Romain, en avance sur l'époque, préfigure la cartographie thématique qui se mettra en place en France dans le courant du XIXe siècle. Il conduira, entre autres, à une carte au 1/100 000e, d'une telle précision que la publication en sera interdite jusqu'en 1814 pour raisons de sécurité militaire ! Et c'est la carte du bon M. d'Anville qui aura les honneurs de la première édition de la *Description de l'Égypte*...

Le travail des savants de Bonaparte sera pourtant en partie caduc un quart de siècle après sa publication : Jacotin et ses collaborateurs ne pouvaient prévoir que Mohammed Ali, le nouveau maître de l'Égypte, engagerait d'ambitieux travaux d'aménagement du territoire, qui modifieraient le réseau hydrologique. De même, le plan d'Alexandrie sera à refaire, puisque cette ville deviendra une place forte, puis une place commerciale, avec une population décuplée entre 1800 et 1840. Le plan du Caire, en revanche – un merveilleux atlas de 80 planches, accompagné de plus de 2 500 légendes –, restera un outil indispensable tout au long du XIXe siècle.

Mesurer les pyramides

Savants et artistes peuvent-ils se désintéresser des pyramides, qui fascinent les Européens depuis des siècles ? Avec l'Expédition française, ces monuments féeriques changent de statut et deviennent un objet scientifique. On n'y cherche plus des trésors, à la manière des antiquaires ou des curieux : on veut les mesurer, comprendre la façon dont elles ont pu être construites et leur fonction. Au point de démolir l'une des petites pyramides qui entourent celle de Mykérinos, sur le plateau de Guiza : opération chirurgicale destinée à savoir, comme l'expliquera l'ingénieur Coutelle, « de quelle manière étaient placés dans les catacombes ces antiques, ces vases, que nous trouvions disséminés, ou que les Arabes nous apportaient ».

Avant l'Expédition, plusieurs tentatives avaient été faites par des voyageurs européens pour mesurer la pyramide de Khéops. Les chiffres ne coïncidaient pas, plusieurs éléments contribuant à empêcher le calcul ou le fausser : la base du monument était ensablée, ses angles étaient érodés et son revêtement avait disparu.

Plusieurs méthodes vont être successivement appliquées par les savants de Bonaparte. Les ingénieurs Jomard et Cécile choisissent la plus simple : mesurer marche par marche. Ils partent de la terrasse – une terrasse de 100 mètres carrés, qui a remplacé la pointe – et, en descendant, comptent 203 gradins jusqu'à la base. Sur chaque bloc, ils posent une règle bien horizontale, vérifiée avec le niveau d'eau, tandis qu'une règle verticale est ajustée au fil à plomb. En déduisant les deux degrés de la pointe manquante, Jomard et Cécile arrivent à une hauteur totale de 137,218 mètres.

L'astronome Nouet adopte une méthode plus savante. Il choisit deux points au sol, mesure la distance qui les sépare et l'angle sous lequel il voit le sommet de la pyramide en chacun d'eux. Puis, il applique une formule trigonométrique, qui lui donne 136,95 mètres.

La pression de l'air ne diminue-t-elle pas avec l'altitude ? C'est avec un baromètre que Conté s'attaque, à son tour, à Khéops – mais un baromètre particulier, qu'il a inventé. Il s'agit d'un tube de métal de 1 mètre de long, contenant du mercure, dans lequel on ne s'intéresse pas au niveau du liquide mais au poids qui s'écoule quand le tube est retourné. Conté arrive ainsi au même résultat que Nouet, à quelques décimètres près. Deux siècles plus tard, ces mesures sont toujours valables.

Avec ses 230 mètres de côté, la Grande Pyramide a un volume de quelque 3,2 millions de mètres cubes. Les pierres qui la composent, calcule-t-on, permettraient d'entourer la France d'un mur de 2 mètres de hauteur et d'une épaisseur de 30 centimètres. Mais Nouet s'intéresse moins à ces chiffres qu'à des considérations astronomiques. Lors de la construction du monument, les quatre angles étaient tournés vers les quatre points cardinaux. Le sont-ils toujours ? La réponse est oui : les pôles de la Terre n'ont pas bougé depuis l'Antiquité, contrairement à ce qu'affirmaient certains. Nouet estime, en revanche, que les anciens Égyptiens s'étaient trompés d'un tiers de degré dans l'orientation, ce qui est négligeable, et bien excusable compte tenu des instruments dont ils disposaient.

Pour étudier les sites de Guiza, Memphis et Saqqara, un véritable chantier de fouilles – le premier du genre – est mis en place en février 1801, sous la direction de l'ingénieur Coutelle et de l'architecte Lepère. Il s'agit d'une étude pluridisciplinaire, conduite sous la protection d'une centaine de soldats et avec l'aide de quelque cent cinquante ouvriers égyptiens. Tandis que peintres et dessinateurs sont à l'œuvre, des chimistes analysent des échantillons de pierre. On déblaie la base de la Grande Pyramide et on dégage un puits. Coutelle explore l'intérieur du monument, pendu à un câble, une torche entre les dents, muni d'un thermomètre et d'une boussole. Tout est mesuré, évalué, même le volume des excréments de chauves-souris accumulés au cours des siècles : 2 662 628 mètres cubes !

La dernière séance

Le puits n'ira pas jusqu'à la chambre souterraine, car de graves événements obligeront à suspendre les travaux. Le 1er mars 1801, près de deux cents bâtiments anglais, transportant 12 000 hommes, approchent d'Aboukir. Dans une telle circonstance, Bonaparte ou Kléber auraient rassemblé toutes les troupes disponibles et se seraient rués à la rencontre de l'ennemi. Menou, lui, ne veut voir dans cette escadre qu'une manœuvre de diversion. Prévoyant une attaque ottomane par le Sinaï, il fait l'erreur de disperser ses forces entre l'ouest et l'est du Delta.

Le général en chef ne se décide à intervenir qu'après le débarquement anglais, une semaine plus tard. Lorsqu'il arrive à Aboukir, le 18 mars, c'est pour apprendre que la garnison française vient de capituler. Mais Menou dispose de forces à peu près égales à celles de l'ennemi. La bataille, dite de Canope, commence le 21, à 3 heures du matin – et commence très mal. Le général en chef croit pouvoir rééditer la fameuse charge de cavalerie de Murat. Son ordre stupéfie ses subordonnés, mais il est appliqué. Les cavaliers du général Roize foncent héroïquement vers l'artillerie anglaise et sont décimés.

A la fin de la journée, les Français ont perdu 2000 hommes.

Le 22 mars, au Caire, dans l'une des salles de la maison de Fourier, l'Institut d'Égypte tient sa soixante-deuxième séance. Savants et artistes se doutent-ils que ce sera la dernière ? Le secrétaire perpétuel lit une lettre du général Menou, annonçant qu'il va combattre les Anglais. On ne peut pas savoir que la bataille de Canope a eu lieu la veille et qu'elle s'est soldée par un désastre, le télégraphe par sémaphore, dont Conté a presque achevé l'installation, ne fonctionnant pas encore.

Le risque de nouveaux troubles au Caire ne peut être écarté, même si Abdallah Menou a menacé ses coreligionnaires égyptiens d'un châtiment terrible en cas d'actes séditieux. Ces infidèles d'Anglais, leur a-t-il assuré dans une proclamation, sont désireux de planter la croix en Égypte, mais n'ont aucune chance de vaincre : « C'est Dieu qui dirige les armées, il donne la victoire à qui lui plaît. L'épée flamboyante de son ange précède toujours les Français et anéantit leurs ennemis. »

L'Institut tient sa séance comme si de rien n'était. Le médecin-chef Desgenettes présente le résultat des tables nécrologiques du Caire pendant le deuxième trimestre. Girard, ingénieur en chef des Ponts et Chaussées, lit un rapport sur les recherches à faire le long de la mer Rouge. Geoffroy Saint-Hilaire commente des observations anatomiques sur le crocodile du Nil, abordant successivement le mouvement des mâchoires, la digestion, la respiration et les organes de reproduction. Il donne ensuite des précisions complémentaires sur le foie et les viscères. Dans un genre encore moins frivole, l'astronome Nouet lit un mémoire intitulé *Application des mesures grecques et égyptiennes aux observations d'Ératosthène pour déterminer la valeur du degré du méridien terrestre sous la latitude de vingt-neuf degrés entre Alexandrie et le solstice*. La séance est close, et l'on se quitte, sans doute avec quelque appréhension.

Alors que la menace anglo-ottomane se précise et qu'une épidémie de peste commence à faire des victimes, le général Belliard, commandant du Caire, regroupe tous les Français à la Citadelle et dans les forts. On y transporte le matériel d'imprimerie, les collections et manuscrits. *Le Courrier de l'Égypte* porte désormais l'adresse : « A la Citadelle du Caire ». Les ateliers de Conté contribuent à la défense de la capitale en fabriquant une lourde chaîne, longue de 300 mètres, pour empêcher les bateaux ennemis de poursuivre leur remontée du Nil.

Une partie des savants et artistes demande à aller à Alexandrie et, de là, embarquer pour la France. Ils sont une cinquantaine à quitter la capitale le 6 avril. Arrivés à Rahmanieh le 11, ils se heurtent à l'hostilité des militaires. Leurs bagages attirent autant de convoitise que de suspicion. Des soldats brisent des caisses, croyant y trouver de l'or : elles ne contiennent que des échantillons minéralogiques du Sinaï. De dépit, les militaires jouent à se jeter les pierres… Le chef de l'unité de « dromadaires », le bien-nommé Cavalier, vient cependant au secours des savants et artistes, et accepte de les escorter jusqu'à la côte.

Alexandrie, méconnaissable, ressemble à une île : les Anglais ayant rompu les digues, l'eau de la mer commence à s'engouffrer dans le lac Maréotis desséché. Traversant ces fonds boueux, les savants et artistes perdent quelques-unes de leurs caisses. Ils arrivent fourbus au terme du voyage, pour être accueillis par un Menou hors de lui, qui les laisse passer la nuit sous les murs de la ville, avant de leur imposer une « quarantaine » de cinq jours.

La situation militaire se gâte. Mourad bey, allié des Français, qui descendait de Haute-Égypte avec ses mamelouks, est mort de la peste. 6 000 Turcs sont venus renforcer les Anglais, et la ville de Rosette est tombée aux mains de l'ennemi. L'état-major français n'a jamais été aussi divisé. Le 13 mai, Menou fait arrêter plusieurs généraux qui désapprouvent son commandement. Le lendemain, dans le Delta, le régiment de « dromadaires » se rend aux Anglais.

Savants et artistes, qui se morfondent à Alexandrie, réclament avec insistance leur retour en France. Menou finit par céder, mais exige qu'ils laissent sur place leurs collections et leurs documents. Protestations. Nouvelles discussions. Seuls les ingénieurs acceptent de se dessaisir de leurs travaux. Quarante-huit membres de la Commission reçoivent, le 5 juin, un passeport, après avoir donné leur parole d'honneur par écrit qu'ils n'emportent rien qui, tombé entre les mains de l'ennemi, puisse lui fournir des informations militaires, politiques ou économiques. Ils embarquent à bord de l'*Oiseau,* le brick qui leur avait donné tant de faux espoirs un an plus tôt. L'autorisation de départ n'interviendra qu'au bout de… trente-cinq jours.

Au Caire, entre-temps, les événements se précipitent. La peste fait des ravages. Parmi le demi-millier de victimes françaises figurent plusieurs membres de la Commission des sciences et des arts, dont le jeune chimiste Champy et le botaniste Coquebert de Montbret. Atteint deux fois par la maladie, le physicien Malus est sauvé par miracle.

Anglais et Ottomans, parvenus aux portes de la ville, organisent le blocus. Le général Belliard négocie alors une capitulation, contre l'avis de Menou. Les savants et artistes restés dans la capitale – parmi lesquels Conté, Desgenettes, Dutertre et Jacotin – sont autorisés à emporter tout leur matériel. Villoteau partira ainsi avec ses nombreux instruments de musique. On extrait Kléber de son tombeau, pour rapatrier son cercueil, qui est chargé sur un bateau battant pavillon noir. Le 14 juillet – triste fête nationale ! –, quelque 13 500 Français, ainsi que des Égyptiens ayant collaboré avec eux, évacuent la capitale. Arrivés à Rosette, ils embarquent, le 9 août, pour la France.

Un butin très convoité

Les savants et artistes qui ont fait l'erreur d'aller à Alexandrie ne sont pas au bout de leurs peines. Si l'*Oiseau* a enfin quitté le port le 11 juillet, il est aussitôt immobilisé, non loin de la côte, par les Anglais. Ceux-ci, n'ayant pas été avertis, refusent de le laisser passer. La tragi-comédie continue. Fourier convainc le commodore Sidney Smith de ne pas retenir les savants comme prisonniers de guerre et de ne pas saisir leur cargaison, mais de les laisser rentrer à Alexandrie. Il se trouve que l'Anglais est un mathématicien amateur. Charmé par la compagnie du secrétaire perpétuel de l'Institut d'Égypte, il insiste pour le garder quelques jours à son bord. Et il s'arrange pour conserver ses documents sur les équations algébriques…

Demi-tour vers Alexandrie, le 16 juillet. Mais, cette fois, c'est Menou qui interdit le passage, avec menace de couler l'*Oiseau*. Dans une lettre cinglante, remise aux passagers, le général en chef les accuse d'être sortis en plein jour, en arborant le pavillon anglais, sans même essuyer une bordée de canon. « J'aime, j'estime et j'honore les sciences et ceux qui les cultivent, déclare-t-il. J'ai des sentiments plus particuliers encore pour quelques-uns d'entre vous que je connais ; mais j'aime, avant tout, l'honneur et la patrie. »

Savants et artistes lui écrivent une longue lettre d'explication, sans réussir à le faire fléchir. Il ne leur reste plus qu'à s'adresser à… l'amiral anglais. L'*Oiseau* mouille dans la rade d'Aboukir. A bord, on commence à s'énerver sérieusement. Des dissensions éclatent entre le capitaine et les membres de la Commission, puis entre les membres de la Commission eux-mêmes. Sir Sidney Smith vient coucher à bord. Le lendemain, le capitaine français décide de mettre quand même le cap sur Alexandrie. Plusieurs savants et artistes veulent l'en empêcher et se saisissent du gouvernail. Des marins s'interposent et, au milieu de la mêlée, Fourier tombe par-dessus le pont, dans un canot...

Le 27 juillet, un compromis est enfin trouvé. Menou s'est radouci. Les passagers rentrent à Alexandrie, mais ils doivent subir une nouvelle « quarantaine » de cinq jours avant d'être incorporés dans la garde nationale, chargée d'assurer la police. La ville assiégée est en proie à la dysenterie et au scorbut. Larrey, le chirurgien-chef, arrache à Menou l'autorisation d'abattre les chevaux, désormais inutiles, pour les consommer en bouillon.

Geoffroy Saint-Hilaire a réussi à se procurer deux poissons capables de produire des décharges électriques, un malaptérure et une torpille. Il est pris alors d'une nouvelle fièvre de travail, qui lui fait oublier tous les inconvénients du siège. Pendant trois semaines, dormant à peine, il traverse des phases d'exaltation très productives. Ce travail donnera lieu, l'année suivante, à un mémoire célèbre sur l'anatomie comparée des organes électriques...

La guerre n'est pas finie. Le général Menou – croyant toujours à des renforts de France, qui ne viendront pas – écrit à Bonaparte : « Je me défendrai jusqu'à la dernière extrémité dans les murs d'Alexandrie. Je sais mourir mais je ne sais pas capituler. »

Il capitulera le 30 août, après l'attaque de la ville par les Anglais. Le général Hutchinson veut saisir le butin scientifique des Français. Menou s'y oppose mollement. Savants et artistes décident alors de se défendre eux-mêmes. Ils désignent trois délégués : Delile, Savigny et Geoffroy Saint-Hilaire. Ce dernier commence par expliquer posément au général Hutchinson que les collections et documents n'ont de valeur qu'accompagnés de leurs auteurs : « Ce sont des ébauches, que nos impressions personnelles, nos observations, nos souvenirs doivent compléter. Sans nous, ces matériaux sont une langue morte, à laquelle vous n'entendrez rien, ni vous ni vos savants... Plutôt que de laisser accomplir cette spoliation inique et vandale, nous détruirons notre propriété, nous la disperserons au milieu des sables libyques, ou nous la jetterons dans la mer ; puis nous protesterons en face de l'Europe... »

L'Anglais fait répondre, un peu plus tard, par l'un de ses collaborateurs, qu'il n'entend pas céder et menace de retenir savants et artistes comme prisonniers de guerre. Geoffroy Saint-Hilaire voit rouge. Dans une apostrophe fameuse, il lance aux vainqueurs : « Non, non, nous n'obéirons pas : votre armée n'entre que dans deux jours dans la place. Eh bien ! d'ici là le sacrifice sera consommé. Vous disposerez ensuite de nos personnes comme bon vous semblera. Non, vous dis-je, il ne sera pas dit que pareil sacrifice ait pu s'accomplir. Nous brûlerons nous-mêmes nos richesses. C'est à la célébrité que vous visez. Eh bien ! comptez sur les souvenirs de l'Histoire : vous aurez aussi brûlé une bibliothèque d'Alexandrie. »

Devant tant de détermination, les Anglais laissent savants et artistes emporter leurs papiers et ce qui peut passer pour des biens personnels, mais saisissent les pièces les plus importantes : deux sarcophages, deux petits obélisques, des statues, un poignet colossal de granit rose trouvé dans les ruines de Memphis… et, bien sûr, la pierre de Rosette. Les Français conservent néanmoins des momies, des médailles, des minéraux, des herbiers et des manuscrits. Les naturalistes emporteront ainsi une cinquantaine de caisses. Et Geoffroy Saint-Hilaire partira avec sa mangouste apprivoisée.

Quelques Français décident de rester en Égypte. Parmi eux, l'ex-pharmacien en chef Royer (qui sera tué au Caire trois ans plus tard). Entre les morts, les disparus et les déserteurs, l'armée d'Orient a perdu 13 500 hommes, soit le tiers environ de ses effectifs arrivés en Égypte trente-huit mois plus tôt. C'est beaucoup, mais sans aucune mesure avec les hécatombes de certaines batailles napoléoniennes en Europe. A elle seule, la peste est responsable d'un cinquième des décès, ce qui fera dire à certains que « l'Expédition d'Égypte a été vaincue par les maladies ». Trente-deux membres de la Commission des sciences et des arts – un sur cinq – ont succombé au cours de cette aventure.

Soldats, savants et artistes embarquent sur différents vaisseaux au cours des semaines suivantes. Bonaparte, Premier Consul, leur rendra un hommage teinté d'amertume : « Ils laissent à l'Égypte d'immortels souvenirs, qui peut-être un jour y réveilleront les arts et les institutions sociales. L'Histoire, du moins, ne taira pas ce qu'ont fait les Français pour y reporter la civilisation et les connaissances de l'Europe. Elle dira par quelle discipline ils l'ont si longtemps conservée, et peut-être en déplorera la perte comme une nouvelle calamité du genre humain. »

Si, trois ans plus tôt, la traversée de Toulon à Marseille avait été pénible, que dire du retour ? Les savants et artistes entassés avec des militaires à bord de l'*Amico sincero*, un petit navire de 150 tonneaux, essuient plusieurs tempêtes. « Nous étions tous très fatigués et trempés jusqu'aux os », raconte

Villiers du Terrage. Une nuit, par un vent violent, plusieurs marins grecs, montés sur la grande vergue pour carguer les voiles, sont désarçonnés et tombent à la mer. On ne les reverra plus.

A Toulon, après trois jours d'attente, le débarquement est interdit, sans doute pour des raisons sanitaires. Il faut reprendre la mer jusqu'à Marseille et, là, patienter encore une bonne semaine avant que des places ne se libèrent au lazaret. Les glorieux savants de Bonaparte sont accueillis en pestiférés. « Nous y avons été logés sous des hangars ouverts à toutes les intempéries de la saison, à la pluie et au froid auxquels nous n'étions plus accoutumés, précise Villiers. Nous nous sommes abrités comme nous l'avons pu avec des fragments de voiles ; et, couchés dans nos hamacs du bord, nous étions heureux tout de même, car nous touchions la terre de France et nous recevions des nouvelles de nos parents et de nos amis. »

Le dernier membre de l'Institut à quitter Alexandrie, le 27 octobre 1801, est le chirurgien Larrey, qui accompagne Menou et sa famille sur une frégate anglaise, la *Diane*. Le général en chef, atteint par la peste, recevra, pendant tout le voyage, les soins du médecin, pour arriver guéri à Toulon. Mais ce n'est pas l'ultime exploit « scientifique » de l'Expédition d'Égypte. Un autre aventure, éditoriale celle-là, va s'engager et s'étendre sur des années.

12

Vingt volumes d'érudition

Dominique Vivant Denon a pris tout le monde de vitesse. Rentré d'Égypte avec Bonaparte, il a rassemblé ses notes et ses dessins, rédigé un récit et fait graver des planches. Son *Voyage dans la Basse et la Haute-Égypte,* publié en 1802, rencontre aussitôt un immense succès, avant d'être traduit en plusieurs langues. Au cours du siècle, on tirera une quarantaine d'éditions de ce *best-seller*, dédié à Bonaparte. « Joindre l'éclat de votre nom à la splendeur des monuments d'Égypte, écrit l'auteur en exergue, c'est rattacher les fastes glorieux de notre siècle aux temps fabuleux de l'Histoire ; c'est réchauffer les centres des Sésostris et des Mendès, comme vous conquérants, comme vous bienfaiteurs. L'Europe, en apprenant que je vous accompagnais dans l'une de vos plus mémorables expéditions, recevra mon ouvrage avec un avide intérêt. Je n'ai rien négligé pour le rendre digne du héros à qui je voulais l'offrir. »

Dans ces pages légères, pleines de couleurs, les scènes de bataille alternent avec la découverte, stupéfaite puis émerveillée, du pays des pharaons. Les dessins sont agréables et suggestifs, quoique rapides. Le texte ne se perd pas dans des digressions historico-philosophiques, si chères aux auteurs de l'époque. Le *Voyage* échappe à tous les genres, ou plutôt les réunit tous. C'est un correspondant de guerre qui raconte, un esthète qui regarde et dessine, un historien ou un géographe qui remet les scènes en perspective. C'est un ethnologue qui observe et analyse, glissant parfois vers la botanique ou la zoologie, quand il s'agit d'examiner des palmiers doums ou des crocodiles endormis... Le lecteur ne s'ennuie pas une seconde. Et tant pis pour le spécialiste de ceci ou de cela, qui aurait quelque réticence devant une explication un peu hâtive ou une proportion mal respectée ! Denon n'est ni archéologue ni géomètre.

Bonaparte, devenu Napoléon, ne tarde pas à faire appel à ce touche-à-tout, qu'il nomme directeur des Musées, avant d'en faire un véritable ministre des Beaux-Arts. L'Empire n'ayant pas de passé, il faut lui trouver un style. La grandeur de l'Égypte, associée aux exploits militaires du vainqueur des Pyramides, y contribuera. Dans les commandes officielles de Denon aux artistes, l'art pharaonique occupe une place de choix. Six des quinze nouvelles fontaines parisiennes, décidées par décret en 1806, sont d'inspiration égyptienne. Quant à la manufacture de Sèvres, elle se sert des planches du *Voyage* pour réaliser, entre autres, un service à dessert d'apparat, accompagné d'un surtout de table monumental en biscuit blanc de porcelaine faisant 6,5 mètres de long, dont le premier exemplaire sera offert au tsar Alexandre Ier.

Les artistes, sous l'Empire, n'ont pas besoin qu'on leur force la main. L'Égypte, qui fascinait déjà les Français, a pris encore plus de relief avec les premiers récits de l'Expédition. Car Vivant Denon n'est pas le seul à célébrer l'épopée. D'autres témoins publient des livres, avec plus ou moins de talent. Les mamelouks que Napoléon a mis à son service contribuent, eux aussi, à relancer l'égyptomanie. Tout un style « retour d'Égypte » fait florès à Paris, avec des meubles, de la vaisselle, du papier peint, et même un jeu de société « égyptien »...

L'édition d'un monument

L'État est décidé à réunir les travaux des savants et artistes dans un grand ouvrage. Il faut faire vite, car certains sont tentés par des publications séparées. Le 6 février 1802, un arrêté précise que le gouvernement prendra en charge l'édition, dont les bénéfices iront aux auteurs. Le ministre de l'Intérieur, qui n'est autre que le chimiste Chaptal – science et pouvoir sont décidément indissociables ! –, constitue une commission de huit membres, chargée de publier la *Description de l'Égypte*. Président : Berthollet ; commissaire (et véritable maître d'œuvre) : Conté ; secrétaire : Lancret. Ils sont entourés de Fourier, Monge, Desgenettes, Costaz et Girard. Engagés à temps plein et rémunérés, les membres de la Commission sont installés provisoirement au Louvre, en attendant de disposer de plusieurs pièces à l'Institut de France, qui seront équipées de gigantesques armoires pour y classer planches et documents. Fourier est chargé de rédiger la préface. Il appartiendra à Conté et son équipe de sélectionner les textes, de les relire, d'y faire apporter des modifications et de signer le bon à graver pour les planches. Mais chaque contribution devra être approuvée par l'assemblée générale des coopérateurs, qui seront une soixantaine, presque tous issus de l'ex-Commission des sciences et des arts.

Il n'est pas facile de réunir des spécialistes de plusieurs disciplines, ayant rapporté d'Égypte des collections personnelles. Dissensions et jalousies s'ajoutent au désir de quelques-uns de faire cavalier seul. Le dessinateur Dutertre, par exemple, commence par vouloir publier son propre ouvrage, puis accepte de rejoindre le comité, mais en réclamant un traitement rétroactif. Geoffroy Saint-Hilaire et Savigny se disputent les « animaux à sang rouge » (vertébrés). Une commission est spécialement constituée pour régler ce conflit. On convient finalement que Savigny s'occupera des oiseaux, laissant à Geoffroy les mammifères, les poissons et les reptiles, mais chacun des deux zoologistes pourra, par la suite, compléter le travail de l'autre...

Comme Kléber l'avait souhaité, il faut que la *Description de l'Égypte* soit un ouvrage exceptionnel, supérieur à tout ce qui a été fait jusqu'ici. Six imprimeurs seront mobilisés. Ils disposeront d'un papier spécial, produit à Arches, dans les Vosges, qu'aucune papeterie d'Europe n'avait fabriqué auparavant. Les volumes de planches auront des formats inédits, comme le « grand-monde » (1 354×704 millimètres) ou le « grand-Égypte » (1 137×812). Ainsi, la pierre de Rosette sera reproduite en grandeur nature, à partir de l'empreinte en plâtre réalisée en Égypte par Raffeneau-Delile.

La *Description* donne lieu à des innovations techniques. Pour publier de somptueux dessins en couleurs des oiseaux du Nil, Redouté met au point un procédé astucieux : la plaque de cuivre est encrée de l'ensemble des teintes voulues avec des bâtonnets de chiffon, et la planche est imprimée en un seul passage sur la presse. Les épreuves sont rehaussées d'aquarelle, au pinceau. Cette technique sera également appliquée pour imprimer quinze planches admirables de minéralogie, dues à l'ingénieur des Mines François-Michel de Rozière, et comportant cent douze illustrations.

Mais comment rendre le ciel sans nuages de l'Égypte ou les

surfaces lisses et spacieuses qui servent de fond aux bas-reliefs ? Comment graver sans trop de frais des milliers et des milliers de lignes, fines ou épaisses, parallèles ou divergentes, rectilignes ou arrondies ? Une fois de plus, Conté entre en scène et fait merveille. L'inventeur du crayon artificiel et du télégraphe par sémaphore met au point une nouvelle machine qui permet de rendre les effets d'ombre et de lumière souhaités en adaptant la profondeur des sillons et leurs intervalles. Pour pallier les différences de densité du cuivre, la pression sur la plaque est modifiée automatiquement en fonction de la résistance du métal. Cette machine, non brevetée, sera bientôt adoptée par l'industrie et révolutionnera l'impression des textiles et du papier peint...

Quelque 270 graveurs, pour la plupart burinistes ou aquafortistes, sont à l'œuvre. Grâce à la machine de Conté, on grave en deux ou trois jours des planches qui auraient demandé huit mois de travail à la main et n'auraient jamais été aussi parfaites. Cette aventure éditoriale est aussi une date dans l'histoire du livre en France.

Divers facteurs vont retarder considérablement la publication de la *Description de l'Égypte*. Conté meurt à la tâche en décembre 1805. Lancret, qui lui succède, disparaît à son tour deux ans plus tard, et Jomard prend la relève. Une commission passe trois mois à Londres pour copier – ou faire mouler – des pièces saisies par les Anglais. A Paris, le pouvoir s'impatiente. On décide d'échelonner la publication. Si les premiers volumes paraissent en 1810, les dernières planches ne seront mises sur le marché qu'en 1826, bien après la mort de Napoléon. Entre-temps, l'éditeur Panckoucke aura été autorisé à imprimer une nouvelle édition, plus maniable et beaucoup moins chère, dédiée à Louis XVIII. Le frontispice à la gloire de Napoléon y est remplacé par un tableau plus neutre et diverses allusions au vainqueur des Pyramides sont retirées de la préface.

L'édition impériale comprend neuf volumes de textes et onze volumes de planches. Imprimée à 1 000 exemplaires, elle existe en quatre qualités différentes. Dans la plus luxueuse, sur papier vélin, toutes les planches en couleurs sont retouchées à la main. Cette édition n'est pas un succès de librairie. Il faut dire qu'elle coûte une fortune et que Napoléon l'a offerte à plusieurs centaines de personnalités ou d'institutions qui auraient été susceptibles de l'acheter. Contrairement au *Voyage* de Vivant Denon, la *Description* ne sera pas traduite.

Pour ranger et pouvoir consulter des livres aussi volumineux, un meuble spécial, dessiné par Jomard, est exécuté par un ébéniste réputé, Morel, et décoré par le sculpteur sur bois Dantan. Les montants à pilastres de cette bibliothèque en chêne de Hollande portent une frise de style égyptien. Quatorze étagères permettent de placer horizontalement les volumes de planches, tandis que la partie supérieure se déplace pour former un pupitre. Diverses variantes de ce meuble seront réalisées par Morel ou d'autres ébénistes.

Une Égypte idyllique

La préface de Fourier occupe un volume à part. L'Égypte y est définie comme « le plus riche musée de l'univers », et l'Expédition française comme « le projet de ramener sur les rivages du Nil les sciences, si longtemps exilées ». Dans ce texte historique, rédigé par un mathématicien, un sujet délicat est évité pour ne pas heurter les catholiques : l'apparition de l'homme sur terre. L'Église date en effet la création du monde de 4 000 ans avant Jésus-Christ, alors que la découverte en

Égypte de plusieurs travaux astronomiques, dont le célèbre zodiaque de Dendera, fait croire à des savants (qui se trompent d'ailleurs) que la civilisation égyptienne est beaucoup plus ancienne que cela...

La *Description,* complétée par une carte topographique en quarante-sept feuillets, est divisée en trois parties : antiquités, État moderne et histoire naturelle. Au total, elle compte cent cinquante-sept mémoires individuels ou collectifs et un millier de planches. Certains de ces mémoires, faisant plusieurs centaines de pages, sont à eux seuls de véritables ouvrages.

Le souci de précision est manifeste dans la reproduction des monuments islamiques. C'est en architectes que les savants de Bonaparte présentent des mosquées du Caire, les examinant sous tous les angles, de l'intérieur et de l'extérieur. Rien ne leur a échappé, pas même de légers défauts, dans l'arrondi d'une coupole par exemple. Pour les monuments de l'Antiquité, les jeunes ingénieurs sont tellement sûrs de leurs plans qu'ils publient une note à l'intention des « voyageurs qui nous suivront ». Ne perdez pas votre temps à travailler sur l'architecture, leur disent-ils en substance : il n'y a plus rien à ajouter; si vous voulez vous rendre utiles, recopiez plutôt les innombrables détails des sculptures dont les monuments sont couverts.

Les auteurs des planches de la *Description* se permettent pourtant des audaces ou des fantaisies. Il leur arrive de montrer entièrement un temple pharaonique à moitié enfoui dans le sable, ou de reconstituer des scènes antiques, comme la fête du Nil à Dendera. Dans leurs dessins, ils n'hésitent pas à faire figurer des personnages, pour donner l'échelle, mais aussi pour y mettre un peu de vie : paysans égyptiens, soldats français, savants et artistes... les visages de ces derniers ne sont pas reconnaissables. Quelques rares exceptions : l'ingénieur

Cécile a dessiné l'architecte Lepère à l'intérieur de la pyramide de Khéops et s'est lui-même mis en scène dans une autre gravure…

La *Description* est loin d'être parfaite. Elle souffre d'abord d'une incohérence, due à ses conditions d'élaboration ; pas d'index ; pas même une table des matières. Les mémoires semblent y avoir été publiés dans n'importe quel ordre, au fur et à mesure qu'ils parvenaient à la Commission.

Autre défaut : cet essai encyclopédique est incomplet. Savants et artistes n'ont pas eu le temps d'explorer l'ensemble du pays, d'étudier des oasis lointaines, ou même toute la faune et la flore. Ils font une grosse erreur en estimant la population égyptienne à 2,5 millions d'habitants, alors que des études récentes la chiffrent aux alentours de 4 millions.

Les dessins eux-mêmes laissent parfois à désirer. Les jeunes ingénieurs ont recopié des milliers de hiéroglyphes, sans en comprendre la signification. Il leur arrive d'en rajouter, pour meubler un espace vierge ou rehausser une architecture, empruntant parfois des inscriptions à un temple voisin. Seul le contenu des cartouches est reproduit de manière scrupuleuse.

S'ils dessinent parfaitement les objets – les meubles, par exemple –, ils ont du mal à rendre les gestes des anciens Égyptiens. Même les visages sont européanisés. Certains personnages royaux reproduits par Lancret ressemblent à Bonaparte ! La formation classique des auteurs de la *Description* transparaît souvent : ils ne comprennent pas que le naturalisme égyptien passe par l'abstraction.

Ces enfants de la Révolution ont vécu dans une France où la religion n'a pas droit de cité. Sur la civilisation égyptienne ils jettent un regard scientiste, voulant y voir un paradis dominé par la raison et la sagesse. Tous ces prêtres sur les bas-reliefs leur semblent être des savants, attentifs aux lois de la nature, plutôt que des théologiens. Les Égyptiens, écrivent-ils, étaient un peuple heureux, dirigé par des gouvernants éclairés, qui allaient se ressourcer dans les temples avant de servir la Cité ; ils perpétuaient le souvenir de leurs ancêtres, au point de les momifier, pour mieux s'en inspirer. Ils se sentaient dépositaires d'une sagesse ancienne, fondée sur des principes éternels. Ils honoraient la famille, rendant toutes les générations contemporaines. Le temps s'en trouvait gommé.

Les savants de Bonaparte sont prêts à tout excuser, y compris les scènes de violence qu'ils ont relevées sur les bas-reliefs. Certes, remarquent-ils, des prisonniers sont mutilés. Mais l'on ne mutilait que les morts, parce que c'était le moyen le plus simple de compter les ennemis…

Lorsque la *Description* finit de paraître, Jean-François Champollion a déjà déchiffré les hiéroglyphes, rendant caduques nombre d'interprétations des auteurs. Il y verra lui-même de l'« eau de boudin ». Seules les planches – avec lesquelles il décorera les murs de son appartement parisien – garderont toute leur valeur.

Malgré ses défauts, cette œuvre monumentale est sans précédent dans l'histoire des sciences. Aucun pays n'a été passé ainsi au peigne fin. La France, en particulier, n'a pas l'équivalent de la *Description* : l'*Encyclopédie* de Diderot et d'Alembert, publiée de 1751 à 1772, n'est qu'un dictionnaire général des arts, des sciences et des métiers. On peut se demander d'ailleurs si des Français auraient pu étudier leur propre pays avec la même distance que les savants de Bonaparte. La *Description de l'Égypte* apparaît comme le véritable accomplissement du siècle des Lumières.

Aujourd'hui encore, aucun historien ne peut étudier l'Égypte de la fin du XIXe siècle sans s'y référer. Même les spécialistes de l'Égypte ancienne y trouvent de l'intérêt, puisque des monuments disparus depuis lors y figurent, comme le temple d'Arman, le kiosque du dromos de Dendera ou la chapelle-reposoir construite sur l'île Éléphantine du temps d'Aménophis III. Pour l'historien de l'Antiquité, la carte du Delta, qui comprend la description minutieuse des monuments subsistant en 1800, est un trésor, car le développement agricole, depuis deux siècles, a conduit à raser des sites entiers.

De brillantes carrières

Sur les bords du Nil, Bonaparte a appris son métier de chef d'État, faisant, selon les termes de Sainte-Beuve, « comme sa répétition de souveraineté et d'empire ». Les membres de la Commission des sciences et des arts ont eux-mêmes découvert en Égypte le fonctionnement du pouvoir. De retour en France, plus d'un entreprend une carrière administrative ou politique. Monge et Berthollet deviennent sénateurs et sont élevés à la dignité de comtes d'Empire. Certains, comme Fourier, Costaz et Chabrol, occupent des postes de préfets ; d'autres, comme Delile ou Méchain, sont nommés consuls.

Dans la vallée du Nil, les scientifiques ont complété leur formation de manière exceptionnelle. Ils sont sortis du cadre étroit de leur discipline et ont travaillé sur le terrain. Resté en France, le géomètre Costaz n'aurait fait que des calculs ; en Égypte, il a pu passer des semaines entières à étudier les sables du désert et la couleur de la mer... Sciences expérimentales et sciences humaines ont été menées de front, dans un univers culturel déroutant. En déchiffrant l'Égypte, on découvrait les Égyptiens.

Les savants qui étaient déjà célèbres avant la campagne d'Égypte vont poursuivre de brillantes carrières en France.

Monge retrouve sa place de directeur de l'École polytechnique et de membre de l'Institut. Il publie de nombreux articles, mémoires et ouvrages, faisant progresser la géométrie descriptive, le principe des relations contingentes et les équations aux différentielles partielles. Son ami Berthollet se distingue par une réfutation de la notion d'affinité, en utilisant ses observations dans les lacs de Natron. Puis il introduit les notions nouvelles de composition indéfinie et de masse chimique, provoquant de longues controverses. Avec Laplace, il fonde la Société d'Arcueil et réunit tous les quinze jours dans sa maison les plus grands chimistes et physiciens de son temps (Gay-Lussac, Chaptal, Arago...) pour procéder à des expériences et en débattre.

Les pièces rapportées d'Égypte par Geoffroy Saint-Hilaire et remises au Muséum sont saluées, le 6 septembre 1802, à l'Institut de France, par un prestigieux trio : Cuvier, Lamarck et Lacépède. « Aucun voyageur depuis le célèbre Dombey n'a donné à vos collections un accroissement aussi considérable », font-ils remarquer à leurs citoyens-collègues. Bientôt élu lui-même à l'Institut, Geoffroy se voit confier les chaires de zoologie du Muséum et de la faculté des sciences de Paris. Il publie de nombreuses études, qui feront date, sur l'unité de composition organique, en démontrant des analogies inattendues entre les espèces animales.

Pour d'autres scientifiques, plus jeunes, l'Égypte a été un précieux tremplin. Le naturaliste Savigny se distingue avec son *Histoire naturelle et mythologique de l'ibis* (1805), qui l'amène à dépasser les frontières de sa discipline. Jusque-là, en se fondant sur les textes de l'Antiquité, on était persuadé que cet oiseau, confondu avec le héron, se nourrissait de serpents. Savigny a constaté qu'il avale plutôt des mollusques et des crustacés. Si les momies d'ibis contiennent des débris de serpents, explique-t-il, c'est parce que les embaumeurs se conformaient au rite plutôt qu'à la réalité... Ses travaux en Égypte lui inspireront par la suite une œuvre fondamentale, *Mémoires sur les animaux sans vertèbres* (1816).

Le jeune Malus, lui, s'impose en France comme l'un des plus grands physiciens de sa génération. Étudiant la double réfraction de la lumière, il est le premier à observer la polarisation par réflexion. Il établit la loi de variation d'intensité de la lumière, dite « loi de Malus », et entre à l'Institut en 1810.

Le séjour dans la vallée du Nil a été, pour la plupart des savants et artistes, le grand moment de leur vie. Ceux qu'on appelle « les Égyptiens » ont gardé entre eux des liens étroits. Certains appartiennent à des loges maçonniques, comme celle du Grand Sphinx, à Paris. Monge, Norry, Geoffroy Saint-Hilaire, Villoteau et quelques autres retrouvent d'anciens officiers de l'armée d'Orient à l'Ordre sacré des sophisiens, dont le Livre d'or, en feuilles de papyrus, est scellé par un « scarabée hiéroglyphique »... Un dîner, baptisé « le banquet d'Égypte », a lieu tous les ans. Il donne l'occasion d'échanger des souvenirs, mais aussi d'entretenir un réseau d'influence et de solidarité professionnelle.

L'ingénieur Dubois-Aymé écrit à Jomard en 1827 : « L'été dernier, j'ai fait à la nage par gros temps plus d'une lieue en mer ; aucun autre nageur n'a tenu si longtemps. Pour te prouver que je n'ai pas perdu les habitudes d'Égypte, tu sauras que pendant la belle saison je couche encore à terre, sur une simple natte, comme dans le désert. »

Jomard incarne la continuité. Agé de 21 ans lors du départ en Égypte, cet ingénieur géographe est l'un des auteurs les plus prolifiques de la *Description*. C'est lui, en tant que commissaire du gouvernement, qui conduit l'entreprise jusqu'à son terme. Il dirige ensuite l'accueil des missions scolaires égyptiennes à Paris et obtient le titre de bey. Très hostile à Champollion – ce qui n'est pas le moindre des paradoxes de ce grand ami de l'Égypte –, Jomard va vivre, jusqu'à l'âge de 85 ans, un pied dans la vallée du Nil. Il est président d'honneur de l'Institut égyptien, qui voit le jour au Caire en 1859 sur le modèle de l'académie créée par Bonaparte, et qui reprendra plus tard le nom d'Institut d'Égypte. Il devient même président honoraire de la Compagnie universelle du canal de Suez, mais meurt quelques années avant l'inauguration de cette voie d'eau, rêvée par les ingénieurs de l'Expédition…

La palme de l'amitié revient sans doute à Prosper Jollois et Édouard Villiers du Terrage. Les deux jeunes polytechniciens, qui s'étaient découverts archéologues en Haute-Égypte, sont revenus en France par le même bateau. Villiers rejoint Jollois dans la commission de la *Description* et cosigne avec lui plusieurs de ses contributions. Promus la même année ingénieurs en chef des Ponts et Chaussées, ils ne cessent de s'intéresser à l'archéologie dans leurs emplois successifs. La mort va les séparer. Jollois disparaît le premier, laissant son ami faire seul l'apprentissage des hiéroglyphes.

Sur la tombe de Villiers du Terrage, le 21 avril 1855, le vieux Jomard lancera, les yeux embués de larmes : « Adieu, Édouard de Villiers ; adieu, Jollois et vous tous, nos compagnons de voyage, qui nous avez précédés de quelques jours au rendez-vous commun ; vous avez servi la patrie, votre vie a été bien remplie, vous avez laissé des noms qui ne périront pas. »

Épilogue

Le deux centième anniversaire de l'Expédition française, en 1998, a donné lieu à une levée de boucliers en Égypte. Apprenant que Paris et Le Caire prévoyaient une série de manifestations pour célébrer « deux siècles d'horizons partagés », de nombreux intellectuels se sont déchaînés contre « les bureaucrates qui ont accepté de commémorer l'occupation du pays ». Ni la pression des intégristes, ni les règlements de comptes personnels ne suffisent à expliquer la virulence de cette campagne, qui a jeté une ombre sur les relations – excellentes – entre les deux pays.

L'entreprise de Bonaparte apparaît aujourd'hui à la plupart des Égyptiens comme le début d'une longue série d'agressions occidentales contre le monde arabe. Mais elle n'a pas toujours été perçue ainsi. Dans un discours prononcé à Toulouse le 4 juillet 1895, pendant l'occupation britannique, le célèbre nationaliste Moustapha Kamel parlait de « cette France généreuse, qui a réveillé l'Égypte de son profond sommeil ; cette France qui y a répandu la lumière des sciences et des arts et qui en a fait une France orientale ; cette France qui nous a toujours traités comme ses fils les plus chéris, et qui nous a gagnés tous, cœur et âme ». Quatre ans plus tard, le

18 juin 1899, lors d'une conférence à Paris, il reprenait la même idée : « Nous n'oublions pas les efforts continus des savants français pour nous secouer de notre long sommeil, pour éveiller en nous la volonté de marcher en avant et pour réveiller en notre sang même, si je puis m'exprimer ainsi, la vieille civilisation de nos ancêtres… »

Nasser lui-même a bien voulu reconnaître à l'Expédition quelques aspects positifs. La Charte de la République arabe unie, publiée en 1962, précise : « L'Expédition française apporta, néanmoins, un nouvel adjuvant à l'énergie révolutionnaire du peuple d'Égypte à cette époque. Elle apporta quelques aspects des sciences modernes que la civilisation européenne avait perfectionnées, après les avoir puisées ailleurs, et plus particulièrement dans les deux civilisations pharaonique et arabe. Elle a également amené les grands maîtres qui entreprirent l'étude de la situation en Égypte et découvrirent les secrets de son histoire ancienne. »

Au Caire, les plus francophiles affirment : « Bonaparte est arrivé en Égypte avec les canons et l'imprimerie ; les canons sont repartis et l'imprimerie est restée. » Argument balayé par les autres : « L'imprimerie est repartie, seuls les canons sont restés. » En réalité, pas grand-chose n'est resté après la retraite de l'été 1801. Les Français sont repartis comme ils étaient venus, et l'Égypte a retrouvé ses habitudes et ses traditions. Mais elle n'était plus exactement la même. Sa rencontre brutale avec la modernité, puis sa résistance à l'occupant avaient fait tourner une page d'Histoire.

Dans la langue française, comme l'indique *Le Petit Robert,* « expédition » peut avoir deux significations : c'est « une opération militaire exigeant un déplacement de troupes », mais aussi « un voyage d'exploration dans un pays lointain difficilement accessible ». L'entreprise menée en 1798 a été l'une et l'autre. Ses aspects militaire et scientifique sont d'ailleurs inséparables. L'exploration ne pouvait se faire sans conquête, et il ne serait rien resté de la conquête si l'exploration ne lui avait servi de prolongement et d'alibi, avant de la faire utilement oublier.

Étrange expédition scientifique, dont les membres ignoraient où on les emmenait ! Certains n'auraient peut-être pas voulu aller en Égypte. D'autres, au contraire, restés à Paris, se seraient sans doute mis sur les rangs s'ils avaient su que l'on allait explorer le pays des pharaons... Ce voyage scientifique aurait été beaucoup mieux préparé si sa destination n'avait pas été tenue secrète pour des raisons militaires. Arrivés sur place, les « savants » ont été lourdement handicapés par la perte d'une partie de leurs instruments et par la rupture des communications avec la France. Mais, après tout, ce sont peut-être les surprises de l'aventure, la fraîcheur du regard et l'improvisation sous toutes ses formes qui auront permis une découverte aussi prodigieuse de la vallée du Nil.

La découverte de l'Égypte faisait partie des objectifs de l'entreprise. Objectif largement atteint, malgré le manque de temps et d'innombrables difficultés. Ce travail spectaculaire a ouvert la voie à une science nouvelle, l'égyptologie, et servi de modèle pour l'exploration du reste de l'Afrique. Des anciens d'Égypte, comme Fourier, Jomard, Costaz, Jacotin et Chabrol de Volvic, participeront activement à la création de la Société de géographie, en 1821. Et, dans la foulée de la *Description*, un inventaire archéologique et artistique de l'Algérie en plusieurs volumes sera publié à partir de 1844.

La démarche scientifique n'est pas innocente. Comme le souligne le sociologue Edward Saïd, la *Description de l'Égypte* inaugure une tentative idéologique de l'Occident, qui fabrique un Orient sur mesure, afin d'exorciser ses peurs et d'affirmer sa supériorité. Il s'agit de réduire la différence de cet autre univers, de le rapprocher de l'Europe et de l'absorber en fin de compte. Ce que réalisera symboliquement le canal de Suez en réunissant les deux mondes.

L'Expédition de 1798 avait aussi pour objectif affiché de « rapporter les sciences et les arts dans leur pays d'origine ». Grâce à Bonaparte, ses soldats, ses savants et ses artistes, la civilisation rentrait en quelque sorte chez elle. « Ce n'était pas une conquête ordinaire, ouverte à la cupidité, écrira Michelet, mais l'espoir fantastique, sublime, d'une résurrection. »

Un espoir peut-être, mais un espoir seulement. L'Égypte n'était pas un désert culturel en 1798, et elle n'a pas changé de visage en trente-huit mois d'occupation. Les Français n'ont exercé d'influence intellectuelle que sur un nombre très limité d'Égyptiens. Parmi ceux-ci, il faut citer le cheikh Hassan el-Attar (1766-1835), qui a enseigné l'arabe à plusieurs membres de l'Expédition et s'est montré très intéressé par l'esprit des Lumières. Ce religieux musulman devait occuper un quart de siècle plus tard des fonctions importantes au Caire, comme éditeur du *Journal officiel* et recteur de l'université d'El-Azhar. C'est à lui que l'on doit l'envoi en France, dans le cadre de la mission scolaire de 1826, du jeune Rifaa el-Tahtawi, qui sera à l'origine d'un vaste mouvement de renaissance intellectuelle et culturelle dans son pays. Mais il s'agit de cas particuliers. Les rares Égyptiens vraiment marqués par la culture française ont été des chrétiens, coptes ou d'origine syrienne, dont les plus engagés devaient quitter le pays avec les forces d'occupation.

Si la flotte n'avait pas été détruite à Aboukir, si les Français étaient restés quelques années de plus, le résultat aurait peut-être été différent. Mais ne serait-on pas arrivé à une colonisation classique, avec ses excès et toutes ses limites ?

En réalité, le choc provoqué par l'Expédition française a eu des effets indirects et à long terme. Comme une bombe à retardement. La destruction du système mamelouk a ouvert la voie au nouvel homme fort de l'Égypte, Mohammed Ali. Celui-ci n'a pu accéder au pouvoir, en 1805, que par une alliance entre le peuple du Caire et les oulémas, qui avaient pris conscience de leur force en se révoltant à deux reprises contre l'occupant français. Pour la première fois dans l'histoire de l'Empire ottoman, un peuple choisissait un dirigeant et l'imposait à la Sublime Porte.

Paradoxalement, il a fallu attendre la fin de l'Expédition et son échec pour que des relations franco-égyptiennes commencent à se nouer et que la France trouve une place en Égypte. Mohammed Ali a fait appel aux ennemis de la veille pour mettre en place une armée moderne (avec le colonel Sève, futur Soliman pacha), créer un système médical (avec le docteur Clot, futur Clot bey) ou organiser de grands travaux (avec des ingénieurs comme Linant de Bellefonds ou Pascal Coste). Des missions scolaires ont été envoyées en France. Dans plusieurs domaines, comme l'enseignement, c'est le système français qui a servi de modèle aux nouvelles institutions égyptiennes.

Le déchiffrement des hiéroglyphes par Champollion, à partir de 1822, a encore augmenté la fascination des Français pour le pays des pharaons. Certains sont allés s'installer dans la vallée du Nil, comme Auguste Mariette, découvreur du Sérapeum et fondateur du musée du Caire. Le poste de directeur des Antiquités égyptiennes, dont il a été le premier titulaire, de 1858 à 1880, restera pendant un siècle entre des mains françaises.

Étudié par les ingénieurs de l'Expédition, réalisé soixante-dix ans plus tard grâce à Ferdinand de Lesseps, le canal de

Suez a donné encore plus de poids à la présence française en Égypte. Parallèlement, des religieux catholiques, suivis par la Mission laïque, ont créé les meilleures écoles du pays. Une presse francophone florissante a vu le jour sur les bords du Nil. La langue de Molière a réussi à s'imposer dans les salons, les affaires, la justice et l'administration, alors que l'Égypte était occupée par les Anglais. Exploit peu banal, dont il reste de nombreuses traces malgré l'arabisation du pays et l'américanisation des esprits. Cette conquête pacifique, ne relevant pas de la contrainte mais de la séduction, était sans doute celle dont rêvaient, dans leurs bons jours, les meilleurs savants de Bonaparte…

Annexes

ANNEXE I

La Commission des sciences et des arts

La composition de la Commission des sciences et des arts n'a jamais été connue avec précision. On dispose d'une demi-douzaine de listes, différentes entre elles, tant par le nombre des inscrits que par les professions indiquées.

La liste la plus communément citée est celle du payeur général Estève, dressée pendant la traversée de Toulon à Malte. On y trouve un total de 167 membres, ainsi désignés : « 21 mathématiciens, 3 astronomes, 15 naturalistes et minéralogistes, 17 ingénieurs civils, 15 géographes, 4 architectes, 3 ingénieurs constructeurs de vaisseaux, 8 dessinateurs ou peintres, 1 sculpteur, 10 artistes mécaniciens, 10 hommes de lettres et secrétaires, 3 poudres et salpêtres, 15 consuls et interprètes, 9 officiers de santé, 9 lazarets, 22 imprimeurs, 2 musiciens. »

Une liste plus précise, établie par Jean-Édouard Goby et qui a le mérite d'être nominative, a été publiée dans le *Bulletin de l'Institut d'Égypte* (tome XXXVIII, 1957). Elle donne les indications suivantes :

4 géomètres : Corancez, Costaz, Fourier, Monge.
1 chimiste : Berthollet.
3 astronomes : Nouet, Quenot, Méchain.
3 littérateurs : Denon, Lerouge, Parseval de Grandmaison.
1 économiste : Gloutier.
1 ancien chevalier de Malte : Saint-Simon.
2 antiquaires : Pourlier, Ripault.

8 interprètes : Belleteste, Delaporte, Fatala, Jaubert, Lenoble, Panhusen, Raige, Réal.

7 chirurgiens : Dubois (Antoine), Dubois (Isidore), Labatte, Bessières, Dewevres, Lacipière, Pouqueville.

3 pharmaciens : Boudet, Roguin, Rouyer.

7 naturalistes : Raffeneau-Delile (Alire), Dolomieu, Geoffroy Saint-Hilaire, Nectoux, Savigny, Coquebert de Montbret, Gérard.

4 architectes : Balzac, Lepère, Norry, Protain.

8 artistes : Castex, Dutertre, Fouquet, Joly, Redouté, Rigel, Rigo, Villoteau.

5 ingénieurs des Mines : Cordier, Descotils, Bernard, Dupuy, Rozière.

14 ingénieurs géographes : Bourgeois, Faurie, Jacotin, Leduc, Levesque, Simonel, Testevuide, Bertre, Coraboeuf, Dulion, Jomard, Laroche, Lecesne, Pottier.

14 ingénieurs des Ponts et Chaussées : Arnollet, Bodard, Chabrol de Volvic, Duval, Faye, Fèvre, Girard, Jollois, Lancret, Le Père (Gratien), Le Père (Jacques-Marie), Raffeneau-Delile (Adrien), Saint-Genis, Thévenod.

3 spécialistes des poudres et salpêtres : Champy (Jacques-Pierre), Champy (Jean-Nicolas), Le Brun.

3 ingénieurs mécaniciens : Cécile, Conté, Lenoir.

3 ingénieurs constructeurs de vaisseaux : Boucher, Chaumont, Gresle.

12 élèves de l'École polytechnique : Alibert, Bouchard, Bringuier, Caristie, Chabaud, Dubois-Aymé, Favier, Moline de Saint-Yon, Moret, Picquet, Pottier, Regnault, Villiers du Terrage.

5 autres élèves : Duchanoy, Fuseau de Saint-Clément, Le Père (H.), Viard, Vincent.

9 artistes mécaniciens : Adnès (Pierre-Onésime), Adnès fils, Aimé, Cirot, Collin, Couvreur, Desfours, Hassenfratz, Hérault.

27 imprimeurs : Ansiglione, Baudouin, Besson, Boulanger, Boyer, Carré, Damougeot, Dominicis, Dubois, Eberhart, Galland, Garreaux, Jardin, Laporte, Lethioux, Lindemann, Maccagni, Marcel, Marlet, Mesabki, Pellegrini, Puntis, Renno, Rivet, Roselli, Rugua, Véry.

Soit 148 personnes.

Jean-Édouard Goby indique également :

3 citoyennes : Besson, Damougeot, Mariel.
2 personnes restées à Malte : Arnault et Regnaud de Saint-Jean-d'Angély.
15 cas douteux.

On peut ajouter à sa liste l'ingénieur Coutelle, l'orientaliste Venture de Paradis et, bien qu'ils soient arrivés en Égypte après le gros du corps expéditionnaire, l'astronome Beauchamp et l'ex-conventionnel Tallien.

Sur les quelque 160 membres de la Commission des sciences et des arts, 25 au moins sont morts en Égypte :

Victimes de la peste : Bodard, Bringuier, Champy (J.-N.), Coquebert de Montbret, Hérault, Lerouge.
Assassinés : Duval, Testevuide, Thévenod.
Tués au cours des combats : Chabaud, Dewevres, Faurie, Fuseau, Joly, Picquet, Saint-Simon, Venture de Paradis.
Dans d'autres circonstances : Beauchamp, Cirot, Colin, Dulion, Gloutier, Laporte, Leduc, Panhusen.

ANNEXE II

L'Institut d'Égypte

L'Institut d'Égypte est créé par un arrêté du 5 fructidor an VI (22 août 1798), signé « Bonaparte », qui définit ainsi son objet :

« 1) le progrès et la propagation des lumières en Égypte ;

2) la recherche, l'étude et la publication des faits naturels, industriels et historiques de l'Égypte ;

3) de donner son avis sur les différentes questions pour lesquelles il sera consulté par le gouvernement. »

Quatre sections, de douze membres chacune, sont instituées : mathématiques, physique, économie politique, littérature et beaux-arts. Mais, au départ, seule la première est complètement pourvue. Dans la liste proposée par une commission constitutive et retouchée par Bonaparte, il y a deux sièges vacants dans la section de physique, six en économie politique et quatre en littérature et beaux-arts.

MATHÉMATIQUES

Andréossy	Fourier	Leroy	Nouet
Bonaparte	Girard	Malus	Quenot
Costaz	Le Père	Monge	Say

Lancret y sera élu le 4 juillet 1799, après la mort de Say.

PHYSIQUE

Berthollet	Descotils	Dubois	Savigny
Champy	Desgenettes	Geoffroy Saint-Hilaire	
Conté	Dolomieu	Raffeneau-Delile	

Seront élus ultérieurement : Beauchamp, Larrey et Boudet.

ÉCONOMIE POLITIQUE

Caffarelli du Falga	Poussielgue	Sucy
Gloutier	Sulkowski	Tallien

Seront élus ultérieurement : Bourrienne, Corancez, Desaix, Reynier, Dugua et Jacotin.

LITTÉRATURE ET ARTS

Denon	Norry	Dom Raphaël	Rigel
Dutertre	Parseval	Redouté	Venture de Paradis

Seront élus ultérieurement : Lepère, Ripault, Kléber et Protain.

Au total, l'Institut aura compté 51 membres, n'appartenant pas tous à la Commission des sciences et des arts.

A la présidence, renouvelée tous les trimestres, se succèdent : Monge, Bonaparte, Berthollet, Desgenettes, Nouet, Conté et Champy, tandis que Fourier occupe le poste de secrétaire perpétuel durant les trois années d'activité de l'Institut. La fonction de bibliothécaire est exercée par l'antiquaire Ripault, remplacé, à son départ d'Égypte en septembre 1800, par le botaniste Coquebert de Montbret.

L'arrêté de Bonaparte stipule que les officiers généraux ont leur entrée à toutes les séances. Avec l'agrément du président, des personnes étrangères à l'Institut peuvent y lire des mémoires ou y présenter des inventions nouvelles. Une commission de cinq membres sélectionne les mémoires qui méritent d'être imprimés.

Le règlement de l'Institut prévoit deux séances par décade, le primidi et le sextidi, à 7 heures du matin. Cette discipline ne sera guère respectée. Les membres prendront l'habitude de se réunir le soir, et les événements les amèneront à suspendre plus d'une fois leurs activités. L'Institut tiendra au total 62 séances.

*

Dans les premières décennies du XIXe siècle, plusieurs tentatives sont faites en Égypte pour reconstituer une société scientifique et littéraire. Ce n'est qu'en 1859, sous le règne de Saïd pacha, vice-roi francophone et pro-européen, que l'Institut égyptien voit le jour à Alexandrie, pour être transféré au Caire en 1880. Le sultan Fouad lui donnera le titre d'Institut d'Égypte en 1918. Cette académie, réunissant des Égyptiens et des étrangers, existe toujours mais n'a plus beaucoup de réalité, comme l'illustrent ses locaux délabrés, dans le centre du Caire.

ANNEXE III

« *Description de l'Égypte* »

La *Description de l'Égypte*, préfacée par Joseph Fourier, est divisée en trois grandes sections : antiquités, État moderne et histoire naturelle.

Tirée à 1 000 exemplaires, l'édition impériale paraît, de manière échelonnée, de 1810 à 1826. Elle compte neuf volumes in-folio de textes, d'environ huit cents pages chacun, et onze volumes de planches, comprenant au total plus de trois mille illustrations. Les planches, dont certaines sont en couleurs, mesurent 70 centimètres sur 54 pour les plus petites et 135 centimètres sur 70 pour les plus grandes. Une carte de l'Égypte et de la Palestine, à l'échelle de 1/100 000e, est publiée en quarante-sept feuillets, complétée par une carte générale en trois feuillets à l'échelle de 1/1 000 000e.

La deuxième édition, mise en vente par Panckoucke entre 1821 et 1829, est dédiée à Louis XVIII. Plus maniable et moins chère que la première, elle compte vingt-six volumes in-octavo de textes et onze volumes in-folio de planches en noir et blanc. L'état des cuivres ne permettra pas d'aller au-delà de 2 000 exemplaires.

Sur les cent vingt-six mémoires que compte la *Description,* trente sont consacrés à l'archéologie antique, vingt-quatre à la géographie physique et vingt et un à l'histoire naturelle. En voici la liste – comprenant aussi les mémoires collectifs – qui illustre la richesse et la diversité de cette entreprise. Le nom de l'auteur est indiqué entre parenthèses.

I. ANTIQUITÉS

Descriptions

Tome premier : Antiquités de la Haute-Égypte, de l'île de Philae à Thèbes.
Tome second : Antiquités, de Dendera à Alexandrie.

Mémoires

Tome premier
Le nilomètre d'Éléphantine (Girard) ;
L'agriculture des anciens Égyptiens (Costaz) ;
Le lac Moeris, comparé au lac du Fayoum (Jomard) ;
Les vases murrhins (Rozière) ;
De la géographie comparée et de l'ancien état des côtes de la mer Rouge (Rozière) ;
Le zodiaque des anciens Égyptiens (Raige) ;
Instruments de musique décorant les antiques monuments de l'Égypte (Villoteau) ;
Notice sur les embaumements des anciens Égyptiens (Rouyer) ;
Notice sur la branche canopique (Lancret) ;
Essai d'explication d'un tableau astronomique (Jomard) ;
Ruines d'un monument persépolitain découvert dans l'isthme de Suez (Rozière) ;
Les anciennes branches du Nil (Dubois-Aymé) ;
Notice sur le séjour des Hébreux en Égypte (Dubois-Aymé) ;
Les mesures agraires des anciens Égyptiens (Girard) ;
La musique de l'antique Égypte (Villoteau) ;
Recherches sur les bas-reliefs astronomiques des Égyptiens (Jollois et de Villiers) ;
Le système métrique des anciens Égyptiens (Jomard) ;
Recherches sur les sciences et le gouvernement de l'Égypte (Fourier).

Tome second

Les inscriptions anciennes (Jomard) ;
Notice historique de l'art de la verrerie né en Égypte (Boudet) ;
Observations sur les pyramides de Gyseh (Coutelle) ;
Remarques sur les signes numériques des anciens Égyptiens (Jomard) ;
Les monuments astronomiques de l'Égypte ;
La population comparée de l'Égypte ancienne et moderne (Jomard) ;
Explication de plusieurs planches d'antiquités ;
Seize planches représentant l'inscription intermédiaire de la pierre de Rosette ;
Planches représentant des médailles de Syrie recueillies par M. de Corancez ;
Planches relatives à la géographie comparée ;
Remarques et recherches sur les pyramides d'Égypte (Jomard) ;
Rapport fait à l'Institut sur une tunique égyptienne.

II. État moderne

Tome premier

Observations astronomiques 1798-1800 (Nouet) ;
La communication de la mer des Indes et de la Méditerranée (Le Père) ;
Les anciennes limites de la mer Rouge (Dubois-Aymé) ;
La ville de Qoseyr (Dubois-Aymé) ;
L'art de faire éclore les poulets (Rozière et Rouyer) ;
Notice sur les médicaments usuels des Égyptiens (Rouyer) ;
Système d'imposition et administration du gouvernement des mameluks (Lancret) ;
Le lac Menzaleh (Andréossy) ;
La vallée des lacs de Natron et sur celle du Fleuve sans eau (Andréossy) ;
Les finances de l'Égypte depuis sa conquête par le sultan Sélim (Estève) ;
La Nubie et les Barâbras (Costaz) ;
Observations sur la Fontaine de Moïse (Monge) ;

Description de l'art de fabriquer le sel ammoniac (Collet-Descotils) ;
Mémoires et observations sur les maladies endémiques (Larrey) ;
Classification des saisons de l'Égypte ;
Mémoires sur les inscriptions koufiques recueillies en Égypte (Marcel) ;
Observations sur les Arabes de l'Égypte moderne (Jomard) ;
Les tribus arabes des déserts de l'Égypte (Dubois-Aymé) ;
De l'état actuel de l'art musical en Égypte (Villoteau) ;
Description des instruments de musique des Orientaux (Villoteau).

Tome second
Notice sur la conformation physique des Égyptiens (Larrey) ;
Mémoires sur la partie occidentale de la province de Bahyreh (Gratien Le Père) ;
Notice sur la préparation des peaux en Égypte (Boudet) ;
Le nilomètre de l'île de Roudah (Marcel) ;
Voyage dans l'intérieur du Delta (Dubois-Aymé et Jollois) ;
Abrégé chronologique de l'histoire des mameluks d'Égypte (Delaporte) ;
Le canal d'Alexandrie (Lancret et Chabrol) ;
Description hydrographique des provinces de Beny-Souef et de Fayoum (Martin) ;
Notice sur les poids arabes anciens et modernes (Bernard) ;
Nomenclature des tribus arabes qui campent entre l'Égypte et la Palestine (Jaubert) ;
Observation sur la topographie de la presqu'île du Sinaï (Coutelle) ;
L'état ancien et moderne des provinces orientales de la Basse-Égypte (Malus) ;
Tables nécrologiques du Kaire pendant les années VII, VIII et IX (Desgenettes) ;
Mémoire sur les monnaies d'Égypte (Bernard) ;
Extrait d'un mémoire sur les lacs et les déserts de la Basse-Égypte (Gratien Le Père) ;
Notice topographique, entre Rahmanieh et Alexandrie (Chabrol et Lancret) ;
L'agriculture, l'industrie et le commerce de l'Égypte (Girard) ;
Appendice au mémoire sur les anciennes limites de la mer Rouge (Dubois-Aymé) ;

Explication des planches des arts et métiers ;
Mémoire sur la construction de la carte de l'Égypte (Jacotin) ;
Le nilomètre de l'île de Roudah, seconde partie (Marcel) ;
La ville d'Alexandrie (Gratien Le Père) ;
Le profil de nivellement de la vallée du Nil entre Roudah et Gyseh (Gratien Le Père) ;
Notice sur la ville de Rosette (Jollois) ;
Essai sur les mœurs des habitants modernes de l'Égypte (Chabrol) ;
Mémoire sur la vallée du Nil et le nilomètre de Roudah (Jacques-Marie Le Père) ;
Tableau de la superficie de l'Égypte (Jacotin) ;
Description abrégée de la ville et de la Citadelle du Kaire (Jomard) ;
Notice sur le produit des machines à arroser et particulièrement du châdouf ;
Index géographique ou liste générale des noms de lieux de l'Égypte.

III. Histoire naturelle

Tome premier

Histoire naturelle des poissons du Nil (Geoffroy Saint-Hilaire) ;
Description du palmier doum de la Haute-Égypte (Delile) ;
Comparaison entre les plantes d'Égypte et celles de France ;
Système des oiseaux de l'Égypte et de la Syrie (Savigny) ;
Description des reptiles qui se trouvent en Égypte (Geoffroy Saint-Hilaire) ;
Explication sommaire des planches de reptiles (Savigny) ;
Description des crocodiles d'Égypte (Geoffroy Saint-Hilaire) ;
Suite de l'histoire naturelle des poissons du Nil (Geoffroy Saint-Hilaire) ;
Poissons de la mer Rouge et de la Méditerranée (Geoffroy Saint-Hilaire) ;
Tableau systématique des ascidies, trois mémoires (Savigny) ;
Système des annélides sur les côtes de l'Égypte et de la Syrie (Savigny) ;
Explication sommaire des planches de mollusques de l'Égypte (Savigny) ;

Explication sommaire des planches d'annélides de l'Égypte et de la Syrie (Savigny) ;
Explication sommaire des planches de crustacés, d'arachnides, d'insectes, etc. ;
Extrait de l'histoire naturelle et mythologique de l'ibis.

Tome second
Mémoire sur les plantes qui croissent spontanément en Égypte (Delile) ;
Histoire des plantes cultivées en Égypte (Delile) ;
Description de la vallée de l'Égarement (Girard) ;
Discours sur la représentation des roches de l'Égypte et de l'Arabie (Rozière) ;
Florae Aegypticae illustratio (Delile) ;
Description minéralogique de la vallée de Qoçeir (Rozière) ;
Description des mammifères qui se trouvent en Égypte (Geoffroy Saint-Hilaire) ;
Flore d'Égypte, explication des planches (Delile) ;
Observations météorologiques (Coutelle) ;
Observations sur les variations horaires du baromètre ;
Observations météorologiques et hygrométriques (Nouet) ;
Observations sur la vallée d'Égypte et sur l'exhaussement séculaire du sol (Girard) ;
Analyse du limon du Nil (Regnault) ;
De la constitution physique de l'Égypte (Rozière) ;
Explication des planches de minéralogie (Rozière) ;
Description des mammifères, seconde partie (Geoffroy Saint-Hilaire et Audouin) ;
Description sommaire des mammifères carnassiers en Égypte (Savigny).

ANNEXE IV

Notices biographiques

Andréossy, Antoine-François, général
Né à Castelnaudary (Aude) le 6 mars 1761. Brillant élève de l'école d'artillerie de Metz, il se distingue en Italie, où il est nommé général de brigade.

Ce militaire, membre du corps expéditionnaire, se découvre une vocation scientifique dans la vallée du Nil. Il entre à l'Institut d'Égypte le 20 août 1798, dans la section des mathématiques, pour en être élu vice-président dix mois plus tard. Il dirige la campagne d'exploration des lacs du Natron et, en tant que responsable du service des équipages de ponts, opère divers sondages de lacs, de rades et des embouchures du Nil.

Après son départ d'Égypte avec Bonaparte, le 23 août 1799, le général Andréossy est nommé ambassadeur à Londres, puis à Vienne et à Constantinople. Parmi ses ouvrages : une *Histoire du canal du Midi* (1800). Il est créé comte d'Empire (1809), puis pair de France (1815). Élu à l'Académie des sciences (1824), député de l'Aude (1827), il meurt le 10 septembre 1828 à Montauban.

Berthollet, Claude Louis, chimiste
Né à Talloires, en Savoie, le 9 novembre 1748, il obtient son doctorat de médecine à Turin, puis devient le chimiste du duc d'Orléans à Paris. Naturalisé français, Berthollet dirige les teintures à la Manufacture royale des Gobelins. Il met au point le procédé de blanchiment par le chlore, qui le rend célèbre. Il entre à l'Académie royale des sciences et participe à la *Nouvelle Méthode de nomenclature physique* avec Lavoisier. Il découvre les chlorates et les utilise à la fabri-

* Portraits : © Paris, bibliothèque centrale du M. N. H. N.

cation d'explosifs. Membre de l'Institut national, enseignant à l'École polytechnique, il est, avec son ami Monge, l'un des « commissaires du gouvernement à la recherche des objets de science et d'art dans les pays conquis par les armées de la République ». En Italie, il fait la connaissance de Bonaparte.

Berthollet embarque sur l'*Orient*. Il entre à l'Institut d'Égypte dans la section de physique le 20 août 1798 et en est élu vice-président. La présidence lui reviendra en juin de l'année suivante. Sa théorie sur les affinités chimiques est élaborée à la suite d'une exploration des lacs du Natron. Il participe aussi à la reconnaissance de la région de Suez et à la campagne de Syrie.

Ayant quitté l'Égypte avec Bonaparte le 23 août 1799, le chimiste retrouve son siège à l'Institut national. Il sera nommé président de la commission chargée en 1802 de préparer la *Description de l'Égypte*. Poursuivant ses recherches, il énonce les règles permettant de prévoir les réactions de double décomposition entre sels, acides et bases. Il installe son laboratoire à Arcueil et fonde la Société d'Arcueil avec plusieurs grands savants. Berthollet est successivement sénateur (1799), comte d'Empire (1808) et pair de France (1815). Ayant voté la déchéance de Napoléon, il est écarté par celui-ci de la Chambre des pairs, mais rétabli par Louis XVIII. Il meurt à Arcueil le 6 novembre 1822.

Caffarelli du Falga, Maximilien de, général

Né le 13 février 1756 au château du Falga, en Haute-Garonne. Sorti de l'École du génie de Mézières, il est capitaine dans l'armée du Rhin. Refusant de prêter serment au pouvoir révolutionnaire, il est emprisonné pendant plusieurs mois. Il réintègre l'armée en avril 1795, se distingue sur le Rhin et perd sa jambe gauche au combat. Devenu général de brigade en décembre 1795, il publie des textes sur l'instruction publique, qui lui valent d'être élu à l'Institut national. Bonaparte le charge d'organiser la Commission des sciences et des arts.

Caffarelli voyage à bord de l'*Orient* et accompagne Bonaparte dans sa descente vers Le Caire. Il entre à l'Institut d'Égypte le 22 août 1798. Chargé des fortifications militaires, ce général très populaire dans l'armée d'Orient participe à l'exploration de l'isthme de Suez et à la campagne de Syrie. Blessé au siège de Saint-Jean-d'Acre, il est amputé de l'avant-bras et meurt trois semaines plus tard, le 27 avril 1799.

Chabrol de Volvic, Gilbert de, ingénieur
Né le 25 septembre 1773 à Riom. Diplômé de l'École polytechnique et des Ponts et Chaussées.

Chabrol de Volvic embarque sur l'*Aquilon*. En Égypte, il participe notamment aux travaux du canal d'Alexandrie et au nivellement de l'isthme de Suez.

De retour en France, il devient sous-préfet de Pontivy, préfet de Montenotte, puis préfet de Paris (1812). On lui doit l'aménagement du port de Savonne et quatre mémoires – dont trois encollaboration – dans la *Description de l'Égypte*. Il meurt à Paris le 30 avril 1843.

Champy, Jacques-Pierre, chimiste
Né le 8 juin 1744 à Saint-Malo. Successeur de Lavoisier comme administrateur général des poudres et salpêtres.

Champy part en Égypte à bord du *Spartiate* en compagnie de son fils Jean-Nicolas, également chimiste. Il entre à l'Institut d'Égypte le 22 août 1798 et dirige les fabriques de poudres. Le général Menou, qui l'apprécie particulièrement, le nommera membre de son conseil privé. Champy est élu président de l'Institut d'Égypte le 7 mars 1801, quelques semaines avant la retraite des Français du Caire. Son fils est emporté par la peste à peu près au même moment.

Il meurt en 1816.

Conté, Nicolas Jacques, aérostier
Né à Saint-Céneri (Orne) le 4 août 1755, Conté montre très tôt des dons exceptionnels. Élève de Greuze, il est d'abord portraitiste. Il monte ensuite un cabinet de physique à Paris en 1785, pour se consacrer, après la Révolution, à des travaux mécaniques et chimiques. Il met au point un projet de transformation de la machine élévatoire de Marly et découvre une méthode de blanchiment des

toiles. Au printemps 1794, Conté invente le crayon à mine artificielle, permettant de se passer de la plombagine anglaise. Il participe à la création du Conservatoire national des arts et métiers et dirige le corps des aérostiers de Meudon. Il perd l'œil gauche lors d'une expérience sur les gaz.

Ayant embarqué sur le *Franklin*, le commandant des aérostiers participe à la défense d'Alexandrie après le désastre d'Aboukir. Il entre à l'Institut d'Égypte le 22 août 1798 ; il en sera élu président le 22 décembre 1800. Très actif, il crée des ateliers au Caire, construit des moulins à vent, met au point divers instruments. Il lance des montgolfières et mesure la Grande Pyramide avec un baromètre de son invention. Cela ne l'empêche pas d'étudier et de dessiner les différents métiers exercés en Égypte.

Conté fait partie des savants restés au Caire lors du débarquement anglais et qui pourront regagner la France dès le début de l'été 1801, avec tout leur matériel. Commissaire du gouvernement dans la commission chargée de publier la *Description de l'Égypte*, il invente une machine spéciale pour graver les fonds. Il meurt à Paris le 6 décembre 1805.

Costaz, Louis, géomètre
Né le 17 mars 1767 à Champagne-en-Valromey (Ain). Directeur des conférences de l'École normale de Paris et examinateur à l'École polytechnique.

Costaz embarque sur le *Guillaume Tell*. Il entre à l'Institut d'Égypte le 22 août 1798 et devient l'adjoint de Fourier au secrétariat. Il y présente plusieurs mémoires et publie des articles dans *Le Courrier de l'Égypte*. Bonaparte lui confie la direction de l'une des commissions chargées d'explorer la Haute-Égypte.

Autorisé à regagner la France au début de février 1801, quelques semaines avant le débarquement anglais, ce mathématicien entreprend en France une brillante carrière, à la fois administrative et scientifique. Il est successivement président du Tribunat (1803), préfet de la Manche (1804-1809), conseiller d'État et directeur général des Ponts et Chaussées (1813). Napoléon le fait baron en 1809. Président de la Société de géographie (1829), il entre deux ans plus tard à l'Académie des sciences. Il meurt à Fontainebleau le 15 février 1842.

Coutelle, Jean-Marie, ingénieur
Né le 3 janvier 1748 au Mans. Capitaine des aérostiers, adjoint de Conté.

Ayant embarqué sur le *Conquérant,* il assiste Conté dans ses différents travaux, dès l'arrivée à Alexandrie. Il part à deux reprises en Haute-Égypte, d'abord avec l'armée de Desaix, puis dans la commission Costaz. En compagnie du minéralogiste Rozière, il se rend au Sinaï avec la caravane de Tor. Il est l'un des membres les plus actifs de la grande fouille archéologique de Guiza, Saqqara et Memphis au début de 1801.

Coutelle donne trois contributions à la *Description de l'Égypte* : sur les pyramides de Guiza, sur la topographie de la presqu'île du Sinaï et des observations météorologiques faites au Caire. Il meurt à Auteuil le 20 mars 1835.

Denon, Dominique Vivant, artiste
Né à Chalon-sur-Saône le 4 janvier 1747 dans une famille de hobereaux bourguignons, éduqué par un précepteur, il part très jeune à la conquête de Paris. Il est remarqué par Louis XV, qui le nomme, à 25 ans, gentilhomme d'ambassade à Saint-Pétersbourg. Denon en est expulsé au bout de deux ans. En poste à Stockholm, puis dans les cantons suisses, il réalise un dessin remarqué de Voltaire. Secrétaire d'ambassade, puis chargé d'affaires à Naples (1776-1785), il est élu à l'Académie de peinture (1787). Il publie un conte libertin, *Point de lendemain* (1777), et *Voyage en Sicile* (1788). Expulsé de Venise, puis de Florence, l'artiste-diplomate rentre à Paris en décembre 1793 et se met sous la protection du peintre David pour exécuter des dessins de costumes révolutionnaires. Il publie *Œuvres priapiques*, un recueil de dessins grivois.

Admis dans la Commission des sciences et des arts grâce à ses bonnes relations avec Joséphine de Beauharnais, Denon embarque à bord de la *Junon*. Il accompagne le général Menou dans le Delta, entre à l'Institut d'Égypte le 22 août 1798, puis se joint à l'armée de Desaix pour un périple de plusieurs mois en Haute-Égypte.

Il regagne la France avec Bonaparte le 23 août 1799. Son *Voyage dans la Basse et la Haute-Égypte* (1802) fait sensation. Nommé, la même année, directeur de plusieurs musées, dont le futur musée du Louvre, il étend peu à peu ses attributions pour devenir responsable des beaux-arts sous l'Empire. Il accompagne Napoléon dans plusieurs campagnes et enrichit les musées français d'objets saisis à l'étranger. Après Waterloo, il est contraint de restituer la plus grande partie de ces chefs-d'œuvre. Denon se retire en 1815 pour reprendre la gravure et se consacrer à ses collections privées. Il meurt à Paris le 27 avril 1825, à 78 ans.

Desgenettes, René Nicolas Dufriche, médecin
Né à Alençon le 23 mai 1762, dans une famille de magistrats, il étudie au collège Sainte-Barbe à Paris. A la tête d'un héritage, il visite l'Angleterre et l'Italie entre 1784 et 1789, suit les cours du grand anatomiste Mascagni, à Sienne, et soutient sa thèse de doctorat à Montpellier. A Paris, le médecin milite en faveur des girondins. Il est engagé à l'hôpital ambulant de l'armée de la Méditerranée (1793), où il fait la connaissance de Bonaparte, puis devient professeur au Val-de-Grâce (1796).

Nommé médecin en chef de l'armée d'Orient, Desgenettes voyage à bord de l'*Orient*. Il entre à l'Institut d'Égypte le 20 août 1798 et organise le service de santé dans la vallée du Nil. Lors de la campagne de Syrie, dans un geste spectaculaire, il s'inocule la peste. Puis il entre en conflit avec Bonaparte au sujet du sort des pestiférés. Il est élu président de l'Institut d'Égypte le 10 novembre 1799.

A son retour en France, Desgenettes est successivement médecin en chef du Val-de-Grâce, inspecteur général du service de santé des armées et médecin en chef de la Grande Armée (1807). Il assiste aux batailles d'Eylau, de Friedland et de Wagram. Baron d'Empire (1810), il est fait prisonnier lors de la campagne de Russie (1812), mais libéré par le tsar. Après quelques années de disgrâce, consécutives à la chute de Napoléon, Desgenettes est élu à l'Académie royale de médecine en 1820 et membre associé de l'Académie des sciences en 1832. Il est nommé, la même année, médecin en chef des Invalides et maire du Xe arrondissement de Paris. Il meurt à Paris le 3 février 1837.

Dolomieu, Déodat de Gratet de, minéralogiste
Né au château de Dolomieu (Isère) le 23 juin 1750, il est intégré à l'ordre de Malte à l'âge de 2 ans. Il en deviendra commandeur, mais quittera les chevaliers en mauvais termes. Grand voyageur, Dolomieu devient l'un des premiers spécialistes des volcans et des tremblements de terre. Il décrit le carbonate de magnésium, qui sera baptisé « dolomite », et entre à l'Institut national en 1795.

Le minéralogiste embarque pour l'Égypte sur le *Tonnant* et se voit chargé, contre son gré, de négocier la reddition de Malte. Il entre à l'Institut d'Égypte le 22 août 1798. Dans la vallée du Nil, entre autres observations, il vérifie les conclusions de son étude sur la formation du Delta.

En mauvais termes avec Bonaparte, Dolomieu part pour la France le 7 mars 1799. Arrêté à Tarente, il est enfermé dans un cachot durant vingt et un mois, à l'instigation de ses anciens compagnons de l'ordre de Malte. La communauté scientifique obtient finalement sa libération. Épuisé, il meurt le 28 novembre 1801 à Châteauneuf (Saône-et-Loire).

Dubois-Aymé, Jean-Marie, ingénieur
Né le 22 décembre 1799 à Pont-de-Beauvoisin (Isère). Élève de l'École polytechnique.

Dubois-Aymé voyage à bord du *Tonnant*. Il passe l'examen de sortie de Polytechnique au Caire et intègre les Ponts et Chaussées. Ayant participé au nivellement de l'isthme de Suez et aux travaux de la commission Girard en Haute-Égypte, il présente plusieurs mémoires à l'Institut sans en être membre.

De retour en France, le jeune ingénieur entre dans l'administration des douanes, avant d'être élu député de l'Ille-et-Vilaine, puis de l'Isère. Une demi-douzaine de mémoires de la *Description de l'Égypte* portent sa signature. Il meurt le 15 mars 1846 à Meylan (Isère).

Dutertre, André, dessinateur
Né le 9 juin 1753 à Paris. Élève de Collet et de Vien.

Nommé à l'Institut d'Égypte le 22 août 1798, il dessine des monuments et réalise les portraits de nombreux membres de l'Expédition.

Après être rentré en France, Dutertre collabore très activement à la *Description de l'Égypte*. Il est professeur de dessin des pages de Napoléon, puis professeur à l'École des arts décoratifs. Il meurt à Paris en avril 1842.

Fourier, Joseph, mathématicien
Né à Auxerre le 21 mars 1768 dans une famille modeste, orphelin à 8 ans, Fourier entre à l'École militaire de sa ville, dirigée par des bénédictins. Ne pouvant intégrer les armes spéciales, réservées à la noblesse, il prend l'habit de novice, qu'il quittera à la Révolution. Il devient professeur de mathématiques dans son ancien collège et présente en 1789 à l'Académie des sciences son premier mémoire sur la résolution des équations numériques. Militant politique, au service du pouvoir jacobin, ce brillant mathématicien est arrêté, puis libéré. Monge le fait entrer dans le corps enseignant de l'École polytechnique, fondée en 1795.

Recruteur de la Commission des sciences et des arts, Fourier voyage à bord du *Franklin*. Nommé secrétaire perpétuel de l'Institut d'Égypte le 22 août 1798, il y présente de nombreux mémoires et dirige l'une des commissions d'exploration de la Haute-Égypte. Parmi ses diverses fonctions politiques ou administratives, il est le commissaire français auprès du Divan.

Préfet de l'Isère de 1802 à 1815, Fourier introduit Jean-François Champollion auprès de plusieurs anciens d'Égypte. Il rédige la préface historique de la *Description*. Ses travaux sur la propagation de la chaleur le conduisent à découvrir les séries trigonométriques qui portent son nom. Il publie en 1822 sa célèbre *Théorie analytique de la chaleur*. Entré à l'Académie des sciences en 1817, il en devient cinq ans plus tard le secrétaire perpétuel pour les sections de mathématiques et de physique. L'Académie française l'accueille en 1827. Il meurt à Paris le 16 mai 1830.

Geoffroy Saint-Hilaire, Étienne, zoologiste
Né à Étampes le 15 avril 1772, surnommé Saint-Hilaire, Étienne Geoffroy obtient une bourse pour étudier à Paris. Il suit les cours

de l'abbé Haüy, créateur de la cristallographie, de Daubenton, au Collège de France, et de Fourcroy, au Jardin des Plantes. Il aide l'abbé Haüy, prêtre réfractaire, à fuir sa prison. Celui-ci le fait entrer au Jardin des Plantes, comme sous-démonstrateur. A 21 ans, Geoffroy est chargé de l'une des douze chaires (zoologie des vertébrés) du Muséum d'histoire naturelle, qui vient d'être créé. Il collabore à plusieurs revues, dont *La Décade philosophique*, et se lie d'amitié avec Georges Cuvier, qui refusera de partir avec Bonaparte.

Geoffroy embarque sur l'*Alceste*, tandis que l'un de ses frères est officier dans le corps expéditionnaire. Entré à l'Institut d'Égypte le 20 août 1798, il y présentera quatorze notes ou mémoires, après avoir rassemblé de nombreux poissons, reptiles, mammifères et momies d'animaux.

De retour en France, le zoologiste reprend sa place au Muséum. Il est élu à l'Académie des sciences (1807). Titulaire de la chaire de zoologie à la faculté des sciences de Paris (1809), il défend l'unité de composition organique, à laquelle il consacre des travaux remarqués. Ses thèses, qui donnent lieu à de grands débats, sont rassemblées dans les deux volumes de *Philosophie anatomique* (1818-1822). Geoffroy crée la théorie des analogues et fonde la tératologie. Frappé de cécité en 1840, il meurt à Paris le 19 juin 1844.

Girard, Pierre Simon, ingénieur

Né le 4 novembre 1765 à Caen. Ingénieur des Ponts et Chaussées.

Girard voyage à bord du *Conquérant*. Il entre à l'Institut d'Égypte le 22 août 1798, pour en devenir vice-président le 7 mars 1801. Il dirige une mission hydrologique en Haute-Égypte, au cours de laquelle il se heurte aux jeunes ingénieurs qui l'accompagnent. Il est chargé ensuite d'une reconnaissance de l'itinéraire du Caire à Suez. Avant la retraite française, il remplace Fourier comme commissaire français auprès du Divan.

Directeur du canal et des eaux de Paris (1807), Girard est élu à l'Académie des sciences (1815) et publie dans la *Description* un mémoire remarqué sur l'agriculture, le commerce et l'industrie de l'Égypte. Il meurt le 1er décembre 1836 à Paris.

Jacotin, Pierre, ingénieur géographe
Né à Champigny-lès-Langres (Haute-Marne) le 11 avril 1765.

Parti en Égypte sur le *Généreux*, comme adjoint de Testevuide, chef des ingénieurs géographes civils, il succède à celui-ci, tué lors de la première insurrection du Caire en novembre 1798. Jacotin dessine la carte des environs du Caire et de l'île de Roda. Lors de la campagne de Syrie, il se rend à pied jusqu'à Saint-Jean-d'Acre pour préparer la carte de cette région. Il est élu à l'Institut d'Égypte le 23 janvier 1800, après avoir établi les plans des sites de Guiza et de Memphis.

Dans la *Description,* Jacotin est l'auteur du Mémoire sur la construction de la carte de l'Égypte et du Tableau de la superficie de l'Égypte. Il meurt à Paris le 4 avril 1829.

Jollois, Prosper, ingénieur
Né à Brienon-sur-Armançon (Yonne) le 24 janvier 1776. il est diplômé de l'École militaire d'Auxerre, de l'École polytechnique et de l'École des ponts et chaussées.

Jollois voyage à bord du *Guerrier.* Au Caire, il est chargé de réunir les objets dispersés dans les palais des mamelouks. Membre de la commission Girard, il fait les relevés de nombreux monuments en Haute-Égypte, en compagnie de son ami Villiers du Terrage. Des travaux hydrauliques dans le Delta lui permettront ensuite de publier la description des antiquités des environs de Rosette.

De retour en France, l'ingénieur participe activement à la rédaction de la *Description de l'Égypte*, dont il devient secrétaire de la commission en 1807. Il reprend sa place dans son corps d'origine en 1810. Affecté aux travaux des ponts et quais de Paris, il est promu ingénieur en chef (1819) et nommé successivement dans les départements des Vosges et du Loiret. Il fait élever le monument de Jeanne d'Arc à Domrémy (1820) et devient directeur du département de la Seine et des ponts de Paris (1830). Jollois ne parvient pas à se faire élire au siège de Champollion à l'Académie des inscriptions et belles-lettres (1832). Président de la Société des antiquaires de France (1835), il meurt à Paris le 24 juin 1842.

Jomard, Edme-François, ingénieur géographe
Né à Versailles le 17 novembre 1777, membre de la première promotion de l'École polytechnique.

Jomard embarque sur le *Généreux*. Il collabore avec talent à l'établissement de la carte de l'Égypte et étudie en détail la ville du Caire. Il s'intéresse aussi aux vestiges antiques, après avoir réussi à se faire admettre dans l'une des commissions d'exploration de la Haute-Égypte.

A son retour en France il se voit confier une mission en Allemagne. Rappelé à Paris en 1803, il devient l'un des collaborateurs de la *Description*. Élu secrétaire puis commissaire du gouvernement pour cette publication, il en sera la cheville ouvrière et l'auteur le plus prolifique. Élu à l'Académie des inscriptions et belles-lettres (1818), conservateur à la Bibliothèque royale (1822), il publie une *Géographie de la France* destinée aux enfants. Jomard est également le directeur pédagogique de la mission scolaire égyptienne (1826), ce qui lui vaut le titre de bey. Président honoraire du conseil d'administration de la Compagnie universelle de Suez, il est aussi président d'honneur de l'Institut égyptien, fondé en 1859. Ce chef de file des « Égyptiens » meurt à Paris le 23 septembre 1862, à près de 85 ans.

Lancret, Michel-Ange, ingénieur
Né à Paris le 15 décembre 1774. Membre de la première promotion de l'École polytechnique.

Lancret voyage sur le *Guerrier*. En Égypte, il est chargé successivement de rassembler les biens abandonnés des mamelouks, d'explorer la région de Belbeis et d'approfondir le canal d'Alexandrie. Élu à l'Institut d'Égypte le 4 juillet 1799, il fait partie de la commission Fourier en Haute-Égypte.

A son retour en France, l'ingénieur apporte des compléments aux théories de Monge sur les surfaces et les courbes à double courbure. Il dirige la publication de la *Description de l'Égypte* après la mort de Conté en 1805 et y publie un mémoire sur l'administration des mamelouks ; il meurt en pleine activité, à Paris, le 17 décembre 1807.

Larrey, Dominique Jean, chirurgien
Né à Baudéan (Hautes-Pyrénées), le 8 juillet 1766, dans une famille assez modeste, il commence très jeune des études de médecine, à Toulouse, puis à Paris. Il se retrouve aide-chirurgien en Amérique, puis chirurgien aide-major de l'armée du Rhin en 1792, où il montre des qualités de sang-froid et d'inventivité, apportant plusieurs innovations dans les soins aux blessés.

Nommé chirurgien en chef de l'armée d'Orient, Larrey inaugure de nouvelles pratiques chirurgicales et met au point un système d'ambulances à dos de dromadaire. Il est particulièrement actif au cours de la campagne de Syrie. Au Caire, il ouvre un cours de chirurgie et se fait élire à l'Institut d'Égypte le 4 juillet 1799.

Le chirurgien en chef est le dernier membre de l'Institut à quitter l'Égypte en octobre 1801, accompagnant le général Menou, qu'il guérit de la peste sur le bateau qui les ramène en France. Il publie, deux ans plus tard, une *Relation historique de l'expédition de l'armée d'Orient en Égypte et en Syrie*. Chirurgien en chef de la Grande Armée, il est créé baron après la bataille de Wagram, mais fait prisonnier à Waterloo. Ses nombreuses publications scientifiques lui valent d'être élu en 1829 à l'Académie des sciences. Il meurt à Lyon le 25 juillet 1842.

Le Père, Jacques-Marie, ingénieur
Né à Paris le 25 avril 1763. Élève de l'École de Brienne, puis de l'École des ponts et chaussées. Il participe à la défense de Dunkerque en 1793, est nommé inspecteur des études à l'École polytechnique deux ans plus tard et ingénieur en chef des Ponts et Chaussées.

Jacques-Marie Le Père, dont deux frères sont également membres de la Commission des sciences et des arts, embarque sur l'*Aquilon*. Il entre à l'Institut d'Égypte le 22 août 1798, accompagne Bonaparte à Suez, puis dirige trois campagnes de nivellement de l'isthme en vue de relier la Méditerranée à la mer Rouge.

Dans son *Mémoire au Premier Consul* (1803), puis dans sa contribution à la *Description de l'Égypte*, il juge réalisable un canal indirect, à écluses, en se fondant, de manière erronée, sur une différence de niveau des deux mers. Inspecteur divisionnaire adjoint (1805), puis inspecteur de Paris (1822-1830), il meurt à Granville le 15 juin 1841.

Lepère, Jean-Baptiste, architecte
Né à Paris le 1er décembre 1761.

Il embarque sur le *Franklin.* Au Caire, il réaménage le palais d'Elfy bey pour Bonaparte et se fait élire à l'Institut d'Égypte le 1er décembre 1798. L'architecte fait partie de la commission Costaz en Haute-Égypte. Au début de 1801, il dirige avec l'ingénieur Coutelle les fouilles à Guiza et Saqqara. Il regagne la France, quelques semaines plus tard, avec le groupe de savants restés au Caire.

Sous l'Empire, Lepère est architecte de la Malmaison, puis de Saint-Cloud. La capitale lui doit la colonne Vendôme (1805) et le piédestal de la statue d'Henri IV sur le Pont-Neuf (1821). Il meurt à Paris le 16 juillet 1844.

Malus de Mitry, Étienne-Louis, officier, physicien
Né à Paris le 23 juin 1775. Brillant élément de l'École du génie de Mézières, remarqué par Monge, il devient moniteur à l'École polytechnique.

En Égypte, Malus participe à la bataille des Pyramides et entre à l'Institut dès le 22 août 1798. Il est atteint de la peste lors de la campagne de Syrie ; guéri, il rédige, pendant sa convalescence à Damiette, un mémoire sur la lumière.

Poursuivant ses travaux en France, le physicien découvre la polarisation de la lumière. Il est élu à l'Institut de France le 13 août 1810, mais meurt à Paris moins de deux ans plus tard, le 23 février 1812.

Marcel, Jean-Joseph, imprimeur, orientaliste
Né à Paris en 1776. Petit-neveu d'un consul général de France en Égypte, il étudie les langues orientales et entre à l'Imprimerie nationale. On le recrute pour la Commission des sciences et des arts en remplacement du célèbre orientaliste Langlès, qui a refusé de partir.

A bord de l'*Orient*, Marcel imprime la première proclamation en arabe de Bonaparte aux Égyptiens. Après avoir dirigé l'Imprimerie orientale et française d'Alexandrie, il s'installe au Caire à la demande du général en chef et y organise l'Imprimerie nationale, qui prend en charge l'édition du *Courrier de l'Égypte* et de *La Décade égyptienne.*

Le jeune orientaliste publie des traductions et une grammaire arabe. Il rédige aussi un alphabet arabe, turc et persan.

De retour en France, Marcel dirige l'Imprimerie républicaine, qui deviendra l'Imprimerie impériale. Membre de la commission chargée de publier la *Description de l'Égypte*, il y fait paraître notamment une étude sur le nilomètre de Roda. Il est aussi l'un des auteurs de *L'Histoire scientifique et militaire de l'Expédition d'Égypte* en dix volumes. Lors de l'Expédition d'Algérie, en 1830, Marcel publie un *Dictionnaire franco-arabe des dialectes africains*. Il meurt à Paris le 11 mars 1854.

Monge, Gaspard, mathématicien

Né à Beaune le 10 mai 1746, ce fils d'un marchand ambulant entre à l'École du génie de Mézières, où il devient répétiteur, puis professeur de mathématiques. Ses recherches le conduisent à rédiger plusieurs mémoires sur la théorie des surfaces et à poser les bases de la géométrie descriptive. Il entre à l'Académie royale des sciences en 1780 et publie, huit ans plus tard, son *Traité de statique*. Ministre de la Marine (août 1792-avril 1793), Monge participe à la fondation de l'École polytechnique et entre à l'Institut national (1795). C'est en Italie, où il est chargé de saisir des objets d'art, qu'il fait la connaissance de Bonaparte. Celui-ci le charge, avec Berthollet, de porter au Directoire la ratification du traité de Campoformio.

Après avoir saisi des presses au Vatican, pour le compte de l'Expédition d'Égypte, le mathématicien voyage à bord de la *Courageuse*, puis rejoint l'*Orient* à la hauteur de Malte. Il accompagne Bonaparte dans sa descente vers Le Caire. Il est le premier président de l'Institut d'Égypte, fondé en août 1798. Son mémoire sur les mirages est particulièrement remarqué.

Monge accompagne Bonaparte à Suez et en Syrie, puis quitte l'Égypte avec celui-ci le 23 août 1799. La même année, il publie en France sa *Géométrie descriptive*. Membre du Sénat, directeur de l'École polytechnique (1802), il est créé comte de Péluse. La chute de Napoléon lui vaut d'être exclu de l'Institut et de l'École polytechnique. Il meurt à Paris le 28 juillet 1818.

Nectoux, Hippolyte, botaniste
Né à Autun (Saône-et-Loire) le 8 mai 1759. Il exerce son activité de botaniste aux Antilles, où il introduit l'arbre à pain.

Nectoux embarque sur la *Diane*. Au Caire, il crée un jardin de naturalisation et produit les premières pommes de terre d'Égypte. Lors du voyage des savants en Haute-Égypte, il se rend en Nubie pour y trouver du séné sauvage sur pied.

De retour en France, il devient jardinier en chef de Fontainebleau, avant de publier, en 1808, son *Voyage dans la Haute-Égypte au-dessus des cataractes*, illustré par les frères Redouté. Il meurt à Montrouge (Seine) le 9 juin 1836.

Nouet, Nicolas Auguste, astronome
Né à Pompey (Meurthe-et-Moselle) le 30 avril 1740. Il quitte l'ordre de Cîteaux pour entrer à l'Observatoire de Paris. On lui doit un calcul de l'orbite elliptique d'Uranus et la détermination des longitudes et latitudes des villes de France.

Nouet est l'un des passagers de l'*Aquilon*. Il entre à l'Institut d'Égypte le 22 août 1798 et collabore activement à l'élaboration de la carte du pays conquis. Il mesure la Grande Pyramide. Le général Menou le nomme, à la veille de la retraite française, président d'une commission du cadastre.

De retour en France, l'astronome devient ingénieur topographe au bureau de la guerre et dirige les opérations topographiques de la carte du mont Blanc. Il meurt à Chambéry le 24 avril 1811.

Parseval Grandmaison, François Auguste, poète
Né à Paris le 7 mai 1759, ce fils d'un fermier général s'adonne à la poésie après s'être essayé sans succès à la peinture.

Il voyage sur le *Franklin*. Entré à l'Institut d'Égypte le 22 août 1798, il y présente à plusieurs reprises des vers assez médiocres. Pour le punir d'avoir refusé de prendre en charge *Le Courrier de l'Égypte*, Bonaparte l'envoie diriger la douane à Suez pendant le premier semestre de 1799.

Parseval n'était pas censé quitter l'Égypte avec le général en chef, en août 1799. A force d'insistance, il parvient à embarquer. Élu à l'Académie française (1811), il meurt à Paris le 7 décembre 1834.

Raffeneau-Delile, Alire, botaniste
Né à Versailles le 23 janvier 1778, il est attiré très jeune par la botanique. Parallèlement à l'École de santé de Paris, il fréquente le Jardin national des Plantes.

Raffeneau-Delile est recruté par la Commission des sciences et des arts en même temps que son frère aîné, Adrien, qui est ingénieur des Ponts et Chaussées. Il voyage à bord de la *Diane* et entre à l'Institut d'Égypte dès le 22 août 1798. Tout en étudiant la flore locale – on lui doit, entre autres, un mémoire sur le palmier doum –, il s'emploie à introduire dans la vallée du Nil des plantes étrangères, comme la pomme de terre.

Deux ans après son retour en France, Raffeneau-Delile se voit confier une mission commerciale et botanique en Caroline du Nord. Il reste aux États-Unis jusqu'en 1807 pour y poursuivre des études médicales, puis collabore à la *Description de l'Égypte*. La chaire de botanique de l'université de Montpellier lui est confiée en 1819. Il meurt dans cette ville le 5 juillet 1850.

Raphaël, dom (Antoine Zakkour), religieux
Né au Caire le 7 mars 1759, ce religieux syrien, de rite grec-catholique, complète sa formation à Rome, où il rencontre Monge et le général Desaix.

Entré dès le 22 août 1798 à l'Institut d'Égypte, il en est le seul membre oriental. Kléber le nomme premier interprète du Divan. Il traduit en arabe l'opuscule sur la petite vérole rédigé par le médecin-chef Desgenettes et établit un relevé des tribus d'Égypte et de Syrie.

Dom Raphaël accompagne les Français dans leur retraite. A Paris, il est professeur à l'École des langues orientales. Il enseigne l'arabe à Jean-François Champollion et l'oriente vers l'étude du copte.

De retour en Égypte, sous le règne de Mohammed Ali, dom Raphaël collabore à la mise en place de l'imprimerie de Boulaq. Il meurt au Caire le 13 octobre 1831.

Redouté, Henri Joseph, peintre d'histoire naturelle
Né le 25 mai 1776 à Saint-Hubert (Belgique). Il est peintre des fleurs au Muséum d'histoire naturelle à Paris, comme son frère Pierre-Joseph.

Il embarque sur la *Diane*. Entré à l'Institut d'Égypte dès le 22 août 1798 avec l'appui de Geoffroy Saint-Hilaire, il remplit ses cartons d'aquarelles. L'exploration de la Haute-Égypte, avec la commission Fourier, enrichit encore sa collection.

On lui doit de nombreuses planches de la *Description*. Il meurt à Paris le 12 janvier 1852, sans avoir atteint la notoriété de son frère, surnommé « le Raphaël des fleurs ».

Rigel, Henri-Jean, compositeur
Né le 11 mai 1772 à Paris, dans une famille de musiciens souabes, il entre à l'École royale de chant. Il enseigne au Conservatoire, dès sa création, en 1795.

Entré à l'Institut d'Égypte le 22 août 1798, Rigel donne des concerts de piano dans la résidence du général en chef. Il quitte l'Égypte en 1799, avec deux autres membres de la Commission, Corancez et Martin. Pris par les Anglais, les Français sont renvoyés en Égypte. Rigel donne deux opéras comiques au Caire en janvier 1801.

Napoléon le nomme en 1805 pianiste de la musique particulière de l'empereur, et Louis XVIII le confirmera dans cette fonction. Célèbre, il compte César Franck parmi ses élèves. Il meurt à Abbeville le 16 décembre 1852.

Ripault, Louis, antiquaire
Né le 27 octobre 1775 à Orléans.

Ripault embarque sur le *Franklin*. Premier bibliothécaire de l'Institut d'Égypte, il en devient membre le 4 juillet 1799.

Il quitte l'Égypte au printemps 1800 et, de retour en France, publie une *Description abrégée des principaux monuments de la Haute-Égypte*. Il est nommé en 1800 bibliothécaire du Premier Consul. Il meurt le 12 juillet 1823 à La Chapelle-Saint-Mesmin (Loiret).

Rozière, François-Michel de, ingénieur
Né en 1776. Ingénieur des Mines.

En Égypte, il entreprend de nombreux voyages, notamment dans la région de Suez et au Sinaï. Le départ prématuré de Dolomieu fait de lui le principal minéralogiste de l'Expédition. Il recueille dans la vallée du Nil un nombre considérable de pierres de toutes sortes.

Rozière fournit dix contributions à la *Description de l'Égypte*, mais il meurt en 1842, avec le titre d'inspecteur divisionnaire honoraire, sans avoir obtenu la reconnaissance scientifique qu'il méritait.

Savigny, Jules César de, zoologiste
Né le 5 avril 1777 à Provins. Élève de Berthollet et de Fourcroy à l'École de santé.

Savigny embarque sur le *Dubois*. Il entre à l'Institut d'Égypte le 22 août 1798. Au cours de son séjour, il réunit une riche collection personnelle, d'insectes notamment.

De retour en France, le zoologiste publie une *Histoire naturelle et mythologique de l'ibis* (1805) et des *Mémoires sur les animaux sans vertèbres* (1816). Il entre en conflit avec Geoffroy Saint-Hilaire à propos de la *Description de l'Égypte*. Malade des yeux, il doit faire appel à un jeune naturaliste, Victor Audouin, pour la rédaction des explications des planches d'animaux invertébrés. Il meurt à Gally (Seine-et-Oise) le 5 octobre 1851.

Tallien, Jean-Lambert, homme politique
Né à Paris le 23 janvier 1767. Clerc de procureur, commis et prote d'imprimerie, il devient membre du Club des jacobins et secrétaire greffier de la Commune de Paris. A la Convention, il est élu député de l'Oise. Tallien organise la Terreur à Bordeaux. Membre du Comité de salut public, puis commissaire de la Convention en Bretagne, il fait fusiller les prisonniers de Quiberon en juin 1795. Il siège au Conseil des Cinq-Cents.

Ayant embarqué avec retard sur un petit aviso, le *Vif*, il n'arrive à Alexandrie que le 13 août 1798. Cela ne l'empêche pas d'entrer à l'Institut d'Égypte, dès la première séance, neuf jours plus tard.

Expulsé d'Égypte en novembre 1800 par le général Menou, l'ancien conventionnel est fait prisonnier par les Anglais. Il ne sera libéré qu'en 1802. Exerçant la charge de consul à Alicante, il y contracte la fièvre jaune et perd un œil. Il meurt à Paris le 16 novembre 1820, après avoir été menacé par la loi contre les régicides (1816) qui l'a obligé à résider officiellement en Bavière.

Venture de Paradis, Jean-Michel, orientaliste
Né à Marseille, le 28 mai 1739, dans une famille de diplomates et de militaires, il suit à Paris les cours du collège Louis-le-Grand et de l'École des langues. Il poursuit l'étude du turc à Constantinople, puis exerce diverses missions en Syrie, en Égypte, au Maroc, à Tunis et à Alger. Nommé secrétaire-interprète à l'ambassade de France à Constantinople (1793), Venture de Paradis revient à Paris pour occuper la chaire de turc à l'École des langues orientales (1797).

Premier interprète de l'armée d'Orient, il embarque sur l'*Orient* avec Bonaparte. Il aide celui-ci à rédiger ses proclamations aux Égyptiens et, de manière plus générale, à mettre en place sa politique musulmane. Venture de Paradis est membre de l'Institut d'Égypte dès le 22 août 1798. Il meurt de dysenterie lors du siège de Saint-Jean-d'Acre, le 16 mai 1799.

Villiers du Terrage, Édouard de, ingénieur
Né à Versailles le 26 avril 1780. Fils d'un premier commis des Finances ayant échappé à la mort sous la Terreur, il entre à l'École polytechnique en 1796.

Villiers voyage sur le *Franklin*. Il passe au Caire ses examens de sortie de Polytechnique et choisit les Ponts et Chaussées. Membre de la commission Girard, chargée de travaux hydrologiques, le jeune ingénieur consacre la plus grande partie de son temps à étudier les sites antiques de Haute-Égypte en compagnie de Prosper Jollois.

Pour la *Description*, il rédige un mémoire sur les antiquités de l'isthme de Suez et sept autres études en collaboration avec Jollois. Il rejoint celui-ci en 1811 comme membre de la commission de publication. A Paris, il s'occupe du percement de la rue de la Paix, de la reconstruction du futur quai aux Fleurs et des travaux du canal Saint-Denis. Appelé à servir dans l'armée comme chef de bataillon du génie, promu ingénieur en chef (1819), Villiers est successivement directeur du Service des travaux de Paris (1826), inspecteur divisionnaire (1830) à Marseille, Lyon et Paris, puis inspecteur général (1842). Il participe à un nouveau nivellement de l'isthme de Suez, crée les *Annales des Ponts et Chaussées* et préside la Société des antiquaires de France. Il meurt à Paris le 19 avril 1855.

Villoteau, Guillaume André, musicographe
Né à Bellême (Orne) en 1759, il fait ses études au collège du Mans. Musicien ambulant, engagé dans les dragons, il finit par entrer dans les ordres. A la Révolution, il abandonne la soutane et quitte le chœur de Notre-Dame de Paris pour rejoindre celui de l'Opéra.

Le chanteur Lays ayant refusé de partir avec Bonaparte, il prend sa place. En Égypte, Villoteau étudie en détail la musique arabe, les autres musiques orientales, ainsi que celle des anciens Égyptiens. Il rassemble une précieuse collection d'instruments.

A son retour en France, l'ancien choriste se retire à Tours mais apporte une importante contribution à la *Description de l'Égypte*. Il publie deux autres études théoriques sur la musique et meurt à Tours en 1839.

Chronologie

Préparatifs

1797

26 octobre. Bonaparte est nommé général en chef de l'armée d'Angleterre.
25 décembre. Élection de Bonaparte à l'Institut national (classe des sciences, mathématiques et physique) au siège vacant de Carnot.

1798

14 février. Talleyrand recommande au Directoire l'occupation de l'Égypte.
1er-5 mars. Le Directoire décide en secret une expédition en Égypte sous la direction de Bonaparte.
16 mars. Le ministère de l'Intérieur est invité à mettre à la disposition de Bonaparte « les ingénieurs, artistes et autres subordonnés », ainsi que « les différents objets » que ce dernier réclamerait.
12 avril. Le Directoire décide en secret la création d'une armée d'Orient et précise les buts de l'expédition en Égypte.

L'Expédition de Bonaparte

9 mai. Arrivée de Bonaparte à Toulon.
19 mai. Embarquement de la flotte à Toulon, qui sera rejointe en cours de route par les convois de Gênes, Ajaccio et Civitavecchia.

10 juin. Prise de Malte.
18 juin. La flotte quitte Malte en direction de l'Égypte.
28 juin. Annonce officielle, à bord, d'une expédition en Égypte.
2 juillet. Débarquement des troupes à Alexandrie.
4 juillet. Débarquement des savants et artistes. Le *Patriote* sombre avec une partie de l'équipement scientifique.
7 juillet. Monge et Berthollet quittent Alexandrie avec Bonaparte pour rejoindre l'armée en marche vers Le Caire.
8 juillet. Une vingtaine de membres de la Commission partent pour Rosette.
13 juillet. Premier combat contre les mamelouks, sur le Nil, près de Chebreis.
21 juillet. Les mamelouks vaincus à la bataille dite des Pyramides.
24 juillet. Entrée de Bonaparte au Caire.
25-27 juillet. Institution d'un conseil de notables (Divan) au Caire et dans chaque province.
1er-2 août. La flotte française est détruite par les Anglais à Aboukir.
22 août. Création de l'Institut d'Égypte.
23 août. Première séance de l'Institut.
25 août. Début de la campagne de Haute-Égypte, dirigée par le général Desaix.
29 août. Premier numéro du *Courrier de l'Égypte*.
9 septembre. La Turquie déclare la guerre à la France.
22 septembre. Célébration solennelle au Caire de la fête de la République.
24 septembre. Bonaparte, accompagné de plusieurs savants, visite les pyramides de Guiza.
1er octobre. Premier numéro de *La Décade égyptienne*.
6 octobre. Un jury présidé par Monge examine les élèves de Polytechnique.
7 octobre. Les mamelouks sont vaincus par Desaix à Sédiman. Première séance du Divan général au Caire, en présence de Monge et Berthollet, commissaires français.
21-24 octobre. Insurrection au Caire.
24 octobre. Attaque britannique avortée contre le fort d'Aboukir.
Novembre. Départ de Vivant Denon pour la Haute-Égypte.
30 novembre. Lancement au Caire d'une montgolfière.

16 décembre. Bonaparte est élu président de l'Institut d'Égypte, et Berthollet vice-président.
25 décembre-3 janvier. Exploration de l'isthme de Suez par Bonaparte, accompagné de savants.

1799

5 janvier. Traité d'alliance militaire anglo-turc.
14 janvier. Lancement d'une montgolfière au Caire.
22-27 janvier. Exploration des lacs du Natron.
2 février. Vivant Denon arrive à Assouan avec les troupes de Desaix.
10 février. Début de la campagne de Syrie.
20 février. Prise du fort d'El-Arich.
24 février. Prise de Gaza.
7 mars. Prise de Jaffa.
10 mars. Dolomieu quitte l'Égypte.
19 mars. Une commission scientifique dirigée par Girard part en Haute-Égypte pour procéder à des travaux hydrogéologiques.
20 mars. Début du siège de Saint-Jean-d'Acre.
16 avril. Victoire française du mont Thabor.
27 avril. Décès du général Caffarelli.
20 mai. Levée du siège de Saint-Jean-d'Acre.
29 mai. Jollois et Villiers du Terrage à Dendera.
14 juin. Retour de Bonaparte au Caire.
29 juin. Berthollet élu président et Andréossy vice-président de l'Institut d'Égypte.
4 juillet. Incident à l'incident entre Bonaparte et Desgenettes.
19 juillet. Découverte de la pierre de Rosette.
25 juillet. Un débarquement turc est repoussé à Aboukir.
16 août. Deux commissions scientifiques, dirigées par Fourier et Costaz, quittent Le Caire pour la Haute-Égypte.
23 août. Bonaparte quitte l'Égypte, cédant le commandement à Kléber.

Commandement de Kléber

9 octobre. Arrivée de Bonaparte à Saint-Raphaël.
23 octobre. A Paris, Bonaparte rend compte à l'Institut des travaux scientifiques réalisés en Égypte.
1er novembre. Un débarquement turc est repoussé à Damiette.
10 novembre. Élection de Kléber à l'Institut d'Égypte.
19 novembre. Kléber crée la Commission des renseignements sur l'état moderne de l'Égypte.
22 novembre. Savants et artistes sont invités à réunir leurs travaux dans un ouvrage commun.
13 décembre. Bonaparte devient Premier Consul.
15-18 décembre. Mission scientifique à Guiza, Saqqara et Memphis.

1800
24 janvier. Convention d'El-Arich. Début du redéploiement des troupes françaises.
4 février. Une quarantaine de savants quittent Le Caire pour rentrer en France *via* Alexandrie.
Mars. Kléber dénonce la convention d'El-Arich.
20 mars. Les Turcs vaincus à la bataille d'Héliopolis.
20 mars-21 avril. Deuxième insurrection au Caire.
25 avril. Reprise du Caire par les Français.
27 avril. Les savants qui avaient embarqué à bord de l'*Oiseau* rentrent à Alexandrie.
14 juin. Assassinat de Kléber par un Syrien.

Commandement de Menou

17 juin. Exécution publique de Soleiman l'Alépin.
3 septembre. Malte est prise par les Anglais.

1801
8 mars. Débarquement à Aboukir de 18 000 soldats anglais.

21 mars. Les troupes de Menou sont battues par les Anglais à Canope.
22 mars. Dernière séance de l'Institut d'Égypte.
1er avril. Les Anglais rompent la digue d'Aboukir.
6 avril. La plupart des savants quittent Le Caire pour se rendre à Alexandrie.
9 juin. Dernier numéro du *Courrier de l'Égypte*.
27 juin. Capitulation du général Belliard au Caire.
11 juillet-27 juillet. Faux départ du brick l'*Oiseau*.
14 juillet. Les Français évacuent Le Caire.
Août-septembre. Rapatriement des Français sur des vaisseaux anglais.

Après le retour en France

1802
Publication du *Voyage* de Vivant Denon.
6 février. Décret décidant de la publication de la *Description de l'Égypte* aux frais du gouvernement français.
20 mars. Le ministre de l'Intérieur invite les intéressés à soumettre un état de toutes les pièces qu'ils se proposent de publier dans l'ouvrage.

1805
17 mai. Mohammed Ali est proclamé gouverneur d'Égypte.

1810
Première livraison de la *Description de l'Égypte*.

1820
23 juin. Louis XVIII autorise le libraire Panckoucke à rééditer la *Description de l'Égypte*.

1822
27 septembre. Dans sa *Lettre à M. Dacier*, Champollion communique sa découverte sur le déchiffrement des hiéroglyphes.

1826
Jomard accueille à Paris Rifaa el-Tahtawi et les autres membres de la mission scolaire égyptienne.

1827
15 décembre. Charles X inaugure le musée égyptien du Louvre.

1830
Février. Dernières parutions de la *Description de l'Égypte*.

1836
25 octobre. Un obélisque, transporté de Louxor à Paris, est érigé sur la place de la Concorde.

1854
15 février. La concession du canal de Suez est accordée à Ferdinand de Lesseps.

1858
1er juin. La Direction des antiquités égyptiennes est confiée à Auguste Mariette.

1859
6 mai. Première séance de l'Institut égyptien au Caire.

1869
17 novembre. Inauguration du canal de Suez.

1918
L'Institut égyptien reprend le nom d'Institut d'Égypte.

Bibliographie

Documentation de base

Description de l'Égypte ou recueil des observations et des recherches qui ont été faites en Égypte pendant l'Expédition de l'armée française

– 1re édition : Paris, 1809-1828, 9 vol. et 11 vol. de planches.

– 2e édition : Paris, Panckoucke, 1821-1830, 26 vol. et 11 vol. de planches.

La Jonquière, Clément de, *L'Expédition d'Égypte*, Paris, 1899-1907, 5 vol. (ouvrage inachevé).

Reybaud, Louis et autres auteurs, *Histoire scientifique et militaire de l'Expédition française en Égypte*, Paris, 1830-1836, 10 vol.

Goby, Jean-Édouard, *Premier Institut d'Égypte. Restitution des comptes rendus des séances*, Mémoires de l'Académie des inscriptions et belles-lettres, Paris, Institut de France, t. VII, 1987.

Meulenaere, Philippe de, *Bibliographie raisonnée des témoignages oculaires imprimés de l'Expédition d'Égypte (1798-1801)*, Paris, Chamonal, 1993.

Munier, Henri, *Tables de la description de l'Égypte, suivies d'une bibliographie sur l'Expédition française de Bonaparte*, Le Caire, 1936.

Grand Dictionnaire universel du XIXe siècle, Paris, Larousse, 1866-1890.

Périodiques édités au Caire de 1798 à 1801

Le Courrier de l'Égypte, 116 numéros, du 12 fructidor an VI (29 août 1798) au 20 prairial an IX (9 juin 1801).

La Décade égyptienne. Journal littéraire et d'économie politique, 3 vol. ; rééd. Beyrouth, Byblos, 1971.

Ouvrages antérieurs à l'Expédition

Savary, Claude Étienne, *Lettres sur l'Égypte*, Paris, 1786.

Volney, *Voyage en Syrie et en Égypte pendant les années 1783, 84 et 85*, Paris, 1787.

Récits et témoignages

Arnault, Antoine-Vincent, *Souvenirs d'un sexagénaire*, Paris, 1833.

Bonaparte, Napoléon, *Correspondance de Napoléon Ier, publiée par ordre de l'empereur Napoléon III*, Paris, 1858-1870, 32 vol. ;

– *Campagnes d'Égypte et de Syrie*, présenté et annoté par Henry Laurens, Paris, Imprimerie nationale, 1998.

Desgenettes, René Dufriche, *Histoire médicale de l'armée d'Orient par le médecin en chef R. Desgenettes*, Paris, 1802.

Galland, A., *Tableau de l'Égypte pendant le séjour de l'armée française*, Paris, 1802, 2 vol.

Geoffroy Saint-Hilaire, *Lettres écrites d'Égypte*, préface et notes du Dr Hamy, Paris, 1901.

Jabarti, Abd-al-Rahman al, *Journal d'un notable du Caire durant l'expédition française, 1798-1801*, traduit et annoté par Joseph Cuocq, Paris, Albin Michel, 1979.

Jollois, Prosper, *Journal d'un ingénieur attaché à l'Expédition d'Égypte*, publié par P. Lefèvre-Pontalis, Paris, 1904.

Larrey, Dominique, *Relation historique et chirurgicale de l'expédition de l'armée d'Orient en Égypte et en Syrie*, Paris, 1803.

Malus, Étienne-Louis, *L'Agenda de Malus. Souvenirs de l'Expédition d'Égypte 1798-1801*, publié et annoté par le général Thoumas, Paris, 1892.

Martin, Pierre, *Histoire de l'expédition française en Égypte*, Paris, 1815, 2 vol.

Miot, Jacques François, *Mémoires pour servir à l'histoire des expéditions en Égypte et en Syrie*, Paris, 1804 et 1814.

Norry, Charles, *Relation de l'Expédition d'Égypte, suivie de la description de plusieurs monuments de cette contrée*, Paris, an VII (1799).

Turc, Nicolas, *Chronique d'Égypte, 1798-1804*, traduit par Gaston Wiet, Le Caire, IFAO, 1950.

Villiers du Terrage, Édouard de, *Journal et Souvenirs sur l'Expédition d'Égypte (1798-1801)*, présenté par le baron Marc de Villiers du Terrage, Paris, 1899.

Vivant Denon, Dominique, *Voyage dans la Basse et la Haute-Égypte pendant les campagnes du général Bonaparte*, rééd. Paris, Pygmalion, 1990.

Études et analyses

Actes (à paraître) du colloque international « L'expédition d'Égypte, une entreprise des Lumières », organisé à Paris du 8 au 10 juin 1998 par l'Académie des inscriptions et belles lettres et l'Académie des sciences.

Beaucour, Fernand, Laissus, Yves, et Orgogozo, Chantal, *La Découverte de l'Égypte*, Paris, Flammarion, 1989.

Brégeon, Jean-Joël, *L'Égypte française au jour le jour, 1798-1801*, Paris, Perrin, 1991.

Bret, Patrice, *La Vie quotidienne en Égypte au temps de Bonaparte*, Paris, Hachette, 1998.

Carré, Jean-Marie, *Voyageurs et Écrivains français en Égypte*, Le Caire, IFAO, rééd. 1956, 2 vol.

Carmigniani, J.-C., et Tranié, Jean, *Bonaparte. La campagne d'Égypte*, Paris, Pygmalion, 1988.

Charles-Roux, François, *Les Origines de l'Expédition d'Égypte*, Paris, 1910;

– *Bonaparte, gouverneur d'Égypte*, Paris, 1936.

Delanoue, Gilbert, *Moralistes et Politiques musulmans dans l'Égypte du* XIXe *siècle*, Le Caire, IFAO, 1982.

Devauchelle, Didier, *La Pierre de Rosette*, Paris, Le Léopard d'or, 1990.

Dewachter, Michel, et Gillipsie, Charles Couston, *Monuments de l'Égypte. L'édition impériale de 1809*, Paris, Hazan, 1988, 2 vol.

Dhombres, Nicole et Jean, *Naissance d'un nouveau pouvoir : sciences et savants en France, 1793-1824*, Paris, Payot, 1989.

Goby, Jean-Édouard, « La composition du premier Institut d'Égypte », *Bulletin de l'Institut d'Égypte*, t. XXIX, 1948, et t. XXX, 1949 ;

– « Histoire des nivellements de l'isthme de Suez », *Bulletin de la Société d'études historiques et géographiques de l'isthme de Suez*, t. III, Le Caire, 1951 ;

– « Composition de la Commission des sciences et des arts d'Égypte », *Bulletin de l'Institut d'Égypte*, t. XXXVIII, 1957.

Guémard, Gabriel, *Bibliographie critique de la Commission des sciences et des arts de l'Institut d'Égypte*, Le Caire, 1936 ;

– « Les orientalistes de l'armée d'Orient », *Revue de l'histoire des colonies françaises*, 21/1, 1928.

Laissus, Yves, *L'Égypte, une aventure savante*, Paris, Fayard, 1998.

Laurens, Henry, *Les Origines intellectuelles de l'Expédition d'Égypte*, Istanbul-Paris, Isis, 1987 ;

– *L'Expédition d'Égypte*, Paris, Armand Colin, 1989 ;

– *Kléber en Égypte, 1798-1800*, Le Caire, IFAO, 1988-1995, 4 vol.

Louca, Anouar, *Voyageurs et Écrivains égyptiens en France au* XIXe *siècle*, Paris, Didier, 1970.

Milleri, Jean-Marie, *Médecins et Soldats pendant l'Expédition d'Égypte 1798-1799*, Nice, Bernard Giovanangeli, 1995.

Murat, Laure, et Weill, Nicolas, *L'Expédition d'Égypte. Le rêve oriental de Bonaparte*, Paris, Gallimard, coll. « Découvertes », 1998.

Muséum d'histoire naturelle, *Il y a 200 ans, les savants en Égypte*, Paris, Nathan, 1998.

Raymond, André, *Égyptiens et Français au Caire 1798-1801*, Le Caire, IFAO, 1998.

Rigault, Georges, *Le Général Abdallah Menou et la dernière phase de l'Expédition d'Égypte (1799-1801)*, Paris, 1911.

Vatin, Jean-Claude, « Le Voyage et la description », *Images d'Égypte*, Le Caire, CEDEJ, 1992.

Wassef Amin Sami, *L'Information et la Presse officielle en Égypte jusqu'à la fin de l'occupation française*, Le Caire, IFAO, 1975.

Biographies de savants et d'artistes

[BERTHOLLET] Sadoun-Goupil, *Le Chimiste Claude-Louis Berthollet (1748-1822). Sa vie, son œuvre*, Paris, 1977.

[BOUCHARD] Laurens, Jacques, « Pierre Bouchard (1771-1822), soldat et ingénieur, inventeur de la pierre de Rosette », *La Rouge et la Jaune*, revue des anciens élèves de l'École polytechnique, avril 1991.

[CHAMPY] Bret, Patrice, « Jacques-Pierre Champy (1744-1816)... », *Scientifiques et Sociétés pendant la Révolution et l'Empire*, Paris, CTHS, 1990.

[COQUEBERT DE MONTBRET] Goby, Jean-Édouard, « Antoine-François-Ernest Coquebert de Montbret, bibliothécaire du premier Institut d'Égypte », *Bulletin de l'Institut d'Égypte*, t. XXXI, 1949.

[CONTÉ] Jomard, *Conté. Sa vie et ses œuvres*, Alençon, 1837.

[DELILE] Dr Joly, *Éloge historique d'Alyre Raffeneau-Delile*, Mémoire de l'académie de Toulouse, 5e série, III.

[DESGENETTES] Gazel, L., *Le Baron Desgenettes (1762-1837). Notes biographiques*, Paris, 1912.

[DOLOMIEU] Daressy, Georges, *Dolomieu en Égypte*, Le Caire, IFAO, 1922.

[DUBOIS-AYMÉ] Goby, Jean-Édouard, « Un compagnon de Bonaparte en Égypte : Dubois-Aymé », *Cahiers d'histoire égyptienne*, mars 1951.

[FOURIER] Arago, « Joseph Fourier », *Œuvres complètes*, t. I, p. 295-369.

[GEOFFROY SAINT-HILAIRE] Cahn, Théophile, *La Vie et l'Œuvre d'Étienne Geoffroy Saint-Hilaire*, Paris, 1962 ;

– Goby, Jean-Édouard, « Étienne Geoffroy Saint-Hilaire en

Égypte (1798-1801) », *Cahiers d'histoire égyptienne*, décembre 1952.

[GIRARD] Daressy, G., « L'ingénieur Girard et l'Institut d'Égypte », *Bulletin de l'Institut égyptien*, 5e série, t. XII, 1918.

[JOMARD] Driault, Édouard, et Houth, Émile, « Edme Jomard, Égyptien », *Bulletin de l'Institut d'Égypte*, t. XV, 1933.

[LARREY] Soubiran, André, *Le Baron Larrey, chirurgien de Napoléon*, Paris, 1966.

[LASCARIS] Auriant, *La Vie du chevalier Théodore Lascaris, ou l'imposteur malgré lui*, Paris, 1940.

[MALUS] Arago, « Malus », *Œuvres complètes*, t. III, p. 113-155.

[NECTOUX] Bret, Patrice, « Le réseau des jardins coloniaux : Hypolite Nectoux (1759-1836) et la botanique tropicale, de la mer des Caraïbes aux bords du Nil », dans *Les Naturalistes français en Amérique du Sud*, Paris, Comité des travaux historiques et scientifiques, 1995.

[NOUET] Bret, Patrice, « L'astronome Nicolas-Antoine Nouet (1740-1811) », dans *Les Scientifiques et la Montagne*, Paris, Comité des travaux historiques et scientifiques, 1993.

[RAPHAËL] Bachatly, Charles, « Un membre oriental du premier Institut d'Égypte : Don Raphaël (1759-1831) », *Bulletin de l'Institut d'Égypte*, t. XVII, 1935.

[REDOUTÉ] Dierkens, Alain, et Duvosquel, Jean-Marie, *Henri-Joseph Redouté et l'expérience de Bonaparte en Égypte*, Bruxelles, Crédit communal, 1993.

[SAVIGNY], Pallary, P., « Marie-Jules-César-Savigny. Sa vie et son œuvre », *Mémoires de l'Institut d'Égypte*, t. XVII, XX et XXIII, 1931-1934.

[VENTURE DE PARADIS] Guellouz, Ezzedine, « Analyse idéologique d'un projet d'expédition d'Égypte : le projet de Venture de Paradis, orientaliste philosophe (1780) », *Les Cahiers de Tunisie*, nos 81-82, 1973.

[VILLOTEAU] Legrain, Georges, « Guillaume-André Villoteau, musicographe de l'Expédition française d'Égypte (1859-1839) », *Bulletin de l'Institut égyptien*, 1917.

[VIVANT DENON] Ghali, Ibrahim Amin, *Vivant Denon ou la conquête du bonheur*, Le Caire, IFAO, 1986.

Index des noms de personnes *

A

B

* Les numéros de page renvoyant aux notices biographiques sont en caractères gras.

C

F

G

H-I

J

K

L

M

N

P

Q

R

S

T

V

W-Y-Z

Table

ANNEXES

RÉALISATION : PAO ÉDITIONS DU SEUIL
IMPRESSION : NORMANDIE ROTO IMPRESSION S.A. À LONRAI
DÉPÔT LÉGAL : JUIN 2001. N° 50691 (011261).